Inhalt

STEPHAN BAUER

LEASING tut's auch!

Oder:

WARUM ICH NICHT MEHR HEIRATE

8. Auflage 2017

© BlueCat Publishing GbR, Berlin 2017
Geschäftsführung: Peter Maassen

Lektorat: Maria Evans-von Krbek, Elsa Middeke (4. Auflage)
Satz und Layout: Le Hud
Druck: KreativCentrum, Berlin

Die Deutsche Nationalbibliothek verzeichnet diese Publikation in der Deutschen
Nationalbibliografie; detaillierte bibliografische Daten sind im Internet abrufbar über:
http://dnb.d-nb.de

ISBN 978-3-938625-91-0

Frisch getrennt

Wie sehr sehne ich mich nach Ruhe. Mein Privatleben war recht turbulent in den letzten Monaten. Meine Frau und ich haben uns getrennt. Auf Zeit. Also erst mal für dreißig Jahre und danach sehen wir weiter. Ist aber auch besser so, in der letzten Phase haben wir uns wirklich nur noch gestritten.

Am Ende konnte ich nicht mal mehr etwas mit meiner rücksichtsvollen Art ausrichten. Einmal habe ich sie gefragt: »Schatz, stört es dich, wenn ich rauche?« Zur Antwort durfte ich mir anhören: »Mich stört's nicht mal, wenn du brennst.«

Wie so oft, waren es also auch bei uns die ganz klassischen Mann-Frau-Konflikte, die das Zusammenleben letztlich unmöglich gemacht haben. Sie hat mir zum Beispiel immer vorgeworfen, ich würde ihr nicht zuhören. Ein Klassiker unter den Frauenvorwürfen. Aber ich kann nur sagen: Das stimmt einfach nicht! Männer sind die besten Zuhörer der Welt – wir sind nämlich so gut im Zuhören, dass wir nebenbei sogar noch fernsehen können. Das ist doch gerade das Geniale an uns Männern, dass wir diese unglaubliche Fähigkeit haben, Worte und Bilder gleichzeitig zu verarbeiten. Deswegen lesen ja Männer auch Comics und Frauen nur Romane.

Aber ich will mich gar nicht so in der Vergangenheit aufhalten, sondern den Frauen, die dieses Buch lesen, lieber sagen: Ich bin wieder auf dem Markt. Lassen Sie das einfach mal so auf sich wirken. Wissen Sie, ich bin schon ein interessanter Mann. Ich mag Kinder, gehe nicht fremd und bin immer superpünktlich. Ich war mal in einer Selbsthilfegruppe für Männer mit verfrühter Ejakulation, selbst da war ich der Erste.

Was das Äußere betrifft: Ich will jetzt nicht angeben, aber ich habe eine ganz zarte Haut, ganz arg zart. Wenn Sie mich jetzt anfassen könnten, würden Sie das merken … Ich arbeite im Sommer auch öfter mal als Aushilfe im Streichelzoo. Wenn ein Schaf krank ist, rufen die mich an, und dann stell ich mich ins Gehege.

Aber trotz dieser meiner charakterlichen wie haptischen Vorzüge ist es halt so: Es interessiert sich keine für mich. Mich spricht nie eine an. Und wenn doch, dann nur eine, die mir nicht gefällt. Dabei können Sie mich bedenkenlos ansprechen, ich bin ja nicht nur getrennt, ich bin auch schon seit ein paar Monaten ganz offiziell geschieden. Das war schon schwer, denn da geht ja auch ein Lebensabschnitt ganz offiziell zu Ende. Ich war ziemlich schmucklos gekleidet, dunkel und schlicht. Meine Frau musste dagegen wieder die große Show abziehen. Sie hat sich im selben Kleid scheiden lassen, in dem sich auch schon ihre Mutter hat scheiden lassen. Ich hätte ja gedacht, bei so einer Scheidung geht es vor Gericht voll zur Sache, wie früher, mit Anschreien und so. Erst der Mann: »Ich find an dir scheiße: Erstens, zweitens, drittens …«, und dann die Frau: »Und ich find an dir scheiße: Erstens, zweitens, drittens …« Und wer die besseren Argumente hatte, kriegte die Wohnungseinrichtung. Ich hatte ein achtseitiges Plädoyer, aber das konnte ich komplett vergessen.

Denn so eine Scheidung vor einem deutschen Gericht ist ausgesprochen spaßfrei. Man kommt rein, setzt sich in den Gerichtssaal, der Richter nimmt sein Diktiergerät: »Blabla, die Ehe ist total zerrüttet, und deshalb ist die Ehe nach Paragraph blabla zu scheiden. Frau Bauer, sind Sie mit der Scheidung einverstanden? Herr Bauer? Blabla, hiermit ist die Ehe geschieden. Die Nächsten, bitte!«

Ich hakte nach: »Hallo, interessiert Sie nicht, was meine Frau mir alles angetan hat?« Meinte der Richter bloß: »Nö.«

Und da, muss ich ehrlich sagen, fände ich es wahnsinnig gut, wenn sich mal die katholische Kirche einschalten würde und die kirchliche Scheidung einführen. Einfach, um das ganze Geschehen ein bisschen feierlicher zu gestalten. Mit Ministranten, Orgelmusik … Dann geht man zusammen vor den Altar, und der Pfarrer fragt: »Willst du dich von dieser Frau trennen, bis dass der Tod euch ohnehin scheidet?«

Wobei, ich will nicht lamentieren. Wir können eigentlich froh sein, dass es Scheidungen heutzutage überhaupt gibt. Früher war das ja anders, da ließ man sich nie scheiden, ganz egal, wie schlimm die Ehe war. Zum Beispiel bei meinen Großeltern. Mein Opa war ein ganz furchtbarer Mann, war jähzornig, hat das ganze Haushaltsgeld versoffen, aber trotzdem ist meine Oma über dreiundfünfzig Jahre bei ihm geblieben. Und hat sich nie anmerken lassen, dass sie todunglücklich war. Außer bei der Goldenen Hochzeit, da sagte sie mir im Vertrauen: »Stephan, weißt du, was ich mir gerade denke … Wenn ich ihn vor dreißig Jahren umgebracht hätte, wäre ich heute schon wieder draußen.«

Rettung durch Latex

Viele behaupten, meine Frau und ich hätten kampflos resigniert. Das ist überhaupt nicht wahr. Wir haben sehr viel versucht, um unsere Beziehung zu retten. Wir haben praktisch alles probiert, um noch einmal dieses Kribbeln zu erleben: Brause, Rheumasalbe, Reizstrom ... Irgendwann kam dann meine Frau an und meinte, es läge an der Zeit. Ich habe die dann abbestellt, aber das hat auch nix geholfen.

Als Nächstes sind wir dann zu einer Partnerschaftsberatung. Und ich kann Ihnen sagen, die haben die Hände über dem Kopf zusammengeschlagen. Die haben gesagt: »Mensch, wären Sie doch mal ein paar Jahre früher gekommen, dann hätten wir Ihnen dringend von einer Partnerschaft abgeraten. Wie sieht es denn mit dem Sex aus?« Ich antwortete: »Na ja, so einmal im Monat denke ich schon dran.«

Deren Ratschlag war, wir sollten ein bisschen experimentieren, dann käme der Spaß im Bett auch wieder. Wir sind dann in einen Beate-Uhse-Laden, haben uns da ein bisschen umgeschaut und sind doch tatsächlich mit einer kompletten SM-Latex-Ausrüstung nach Hause.

Und so standen wir uns da dann gegenüber, jeder in seiner ... Wurstpelle. Ich sage Ihnen ehrlich: Wer da noch an Sex denkt, hat in meinen Augen ein ernsthaftes Problem. Wenn Sie sich küssen wollen, müssen Sie erst mal am Mund einen Reißverschluss aufmachen. Das ist auch prompt voll nach hinten losgegangen. Wir haben uns zwei Stunden lang gegenseitig ausgelacht. Danach waren wir vom Lachen so kaputt, dass wir uns erst mal weitere zwei Stunden vor den Fernseher setzen mussten.

Und dabei trat das nächste Problem zutage: Latex auf Ledercouch quietscht ja wirklich sehr unangenehm. Bei jeder Bewegung. Es ist unmöglich, sich in Ruhe einen Film anzuschauen. Andererseits müssen Sie sich aber bewegen, denn wenn Sie sich nicht bewegen, kleben Sie fest. Zum Glück hatten wir von Beate Uhse noch Gleitcreme mitgebracht, mit der haben wir uns dann abgelöst.

Und ich war natürlich total frustriert, dachte mir, Mensch, wieder einen Haufen Geld ausgegeben für nix. Aber irgendwann im Laufe des Abends habe ich mich dann doch ermannt und mal versucht, ein SM-Rollenspiel anzustoßen, damit sich die Ausrüstung amortisiert. Dazu machte ich den Reißverschluss an meinem Mund auf, nahm meinen ganzen Mut zusammen, und sagte zu meiner Frau: »Bück dich, du Schlampe!« Sie darauf: »Wie redest du eigentlich mit mir?«

»Sorry, Schatz, aber das haben sie doch in der Beratung so gesagt: Einer ist der Meister, der andere der Sklave …«

»Und Herr Bauer will natürlich wieder der Meister sein!«

»Mein Gott, ist doch nur zum Reinkommen, ich kann auch gern den Sklaven machen.«

Ich bin also sofort auf die Knie und flehte: »Los, schlag mich, Herrin! Ich war ungezogen. Ich habe Hiebe verdient!«

Meinte sie nur: »Jaja, das kannst du ja immer prima, den Unterdrückten raushängen lassen.«

11

Der Neue

Und wissen Sie, wenn man in der Beziehung keine Erfolgserlebnisse mehr hat, dann fängt man, ohne es zu merken, an, sich immer weiter auseinander zu leben. Das ging dann so weit, da kam ich so nach einer vierzehntägigen Tournee nach Hause und hatte das Gefühl, dass sie mich gar nicht richtig registriert. Also habe ich dann mal versucht, ein Gespräch mit ihr anzufangen. »Hat es dich gar nicht gestört, dass ich so lang nicht da war?« Sie schaute mich reichlich irritiert an: »Wie, du warst nicht da?«

Aber da war sie auch schon mitten in der Phase, wo sie angefangen hat, mal mit anderen Männern auszugehen, weil sie sich so allein gefühlt hat. Anfangs fand ich das okay, weil sie auch immer behauptete, sie würde das nur machen, um unseren Geldbeutel zu schonen. Bis mir dann Freunde sagten, das sollte ich mir nicht gefallen lassen, ich müsste mal ordentlich auf den Putz hauen. Ich bin eigentlich nicht der Typ dafür, aber ich hab das dann halt trotzdem gemacht. Habe also die Vorhänge runtergerissen, rumgeschrien, das ganze Programm. Ein Freund fragte mich dann nach der Reaktion meiner Frau … Erst da ist mir dann eingefallen, dass die noch im Urlaub war.

Die Trennung selbst kam dann recht plötzlich. Ich war unterwegs, kam ins Theater, und der Veranstalter meinte: »Na ja … Herr Bauer, wir können die Bühne aufbauen, allerdings haben wir keine einzige Karte verkauft. Wenn Sie wollen, können Sie auch gerne nach Hause fahren, dann sparen wir wenigstens das Hotel.« Ich kam also ein paar Stunden früher als erwartet nach Hause. Arglos ging ich ins Schlafzimmer und da lag in meinem Bett … ein Investmentbanker. Als ich wissen wollte, was da vorginge, sagte der zu mir bloß: »Deine Uhr.« Meine Frau meinte:

»Mach dir keine Gedanken, das ist nur körperlich.«

Am nächsten Tag ist sie dann rein körperlich ausgezogen. War schlimm, vor allen Dingen, Sie hätten den Kerl mal sehen sollen, das begreifen Sie nicht. Das ist ein totaler Langweiler. So ein Typ, der geht Zigaretten holen und kommt wieder. Und dann heißt der auch noch Erwin. Gut, das soll vorkommen, aber der ist außerdem auch noch dick. Das ist so ungerecht, denn ich habe mir während unserer Ehe bei Burger King den Whopper immer ohne Käse genommen, und der sieht jetzt aus, als ob er sich jahrelang nur von meinem weggelassenen Käse ernährt hätte.

Gut, das war jetzt gelogen. Reines Wunschdenken. Ihr Neuer ist natürlich ganz toll, heißt auch nicht Erwin, sondern Roger, französisch ausgesprochen natürlich. Ein blendend aussehender, super sportlicher, gutverdienender Rechtsanwalt, der ausschließlich gegen die großen Konzerne klagt, charmant und freundlich ist, super kocht, die Wäsche bügelt und jedes freie Wochenende unentgeltlich im Altenheim aushilft. Gegen den bin ich selbst der Erwin, sozusagen.

Ich habe mir oft überlegt, warum sie jetzt mit so einem Wahnsinnstypen zusammen ist. Inzwischen weiß ich, der tiefere Grund ist, dass sie mit mir im Bett nicht so zufrieden war. So stand es zumindest in ihrem Tagebuch. Aber was kann man nach fünf Jahren Ehe noch erwarten? Gut, manche erzählen ja, sie machen es noch drei-, viermal in der Woche. Also, ich gebe ehrlich zu, bei uns gab es das zum Schluss einmal im Vierteljahr. Ich konnte mir das gut merken, ich habe das dann immer in einem Aufwasch mit der Umsatzsteuererklärung gemacht.

Aber das war nicht allein meine Schuld, sie hat mich auch sehr stark verunsichert. Immer hat sie mir vorgeworfen, ich würde sie beim Vorspiel nicht richtig in Fahrt bringen. Oder anders formuliert: Wo zum Teufel befindet sich eigentlich diese sagenumwobene Klitoris? Ich muss dieses Thema jetzt doch auch mal ansprechen. Dieses Organ treibt die Männer ja in den Wahnsinn. Also, ich zumindest finde die nie. Wenn man da gerade so am Machen ist, hört man immer nur »etwas mehr rechts«, »etwas höher«, »jetzt doch wieder mehr links«. Also, ich bin zwar keine Frau, aber es ist mir unbegreiflich, wie man auf einem Areal von wenigen Quadratmillimetern andauernd daneben fassen kann. Mensch, was hatten es da unsere Großväter einfach. Klitoris, das gab es damals einfach noch gar nicht.

Der einzige Trost, den ich dabei empfinde, ist, dass Sex für Männer im Tierreich noch viel schlimmer abläuft. Ich weiß nicht, ob Sie schon mal von diesen Spinnenarten gehört haben, da beschwert sich das Weibchen nicht nur, sondern frisst das Männchen nach der Paarung gleich auf. Vor diesem Hintergrund, meine Damen, sollten Sie mal überlegen, warum wir Männer Sie vor einer Liebesnacht so oft zum Essen einladen. Da geht's nicht darum, Atmosphäre zu schaffen, da geht es ums Überleben.

Und dieses Selbstbewusstseinsproblem trage ich heute noch mit mir herum. Ich weiß auch nicht, was ich dagegen machen soll. Manche versuchen sich da ja in so einem Mentaltraining à la »Du kannst es schaffen, du bist der Größte, du hast den Längsten«, aber das ist mir viel zu platt. Was ich halt öfters mache: Ich stelle mir einen Joghurt auf den Tisch hin, Marke *Der große Bauer*. Das gab früher in meiner Ehe immer großen Ärger, weil meine Frau der Meinung war, wenn ich zuviel von dem Joghurt essen würde, könnte ich übermütig werden. Die war da ganz radikal, hat mir den Bauer weggenommen und mir stattdessen einen *Fruchtzwerg* hingestellt. Aber das ist ja nun vorbei, jetzt darf ich so oft *Der Große Bauer* essen, wie ich das brauche.

Gut, ich bemühe mich im Alltag schon, männlicher zu wirken. Wenn ich zum Beispiel im Drogeriemarkt einkaufen gehe, nehme ich bei Zahnbürsten immer *hart*. Selbst, wenn mir literweise der blutige Schaum runterläuft, ist mir scheißegal. Ich kam einmal mit *sensitiv* an die Kasse. Da meinte die Verkäuferin, ich würde wohl bestimmt auch angeschnallt durch die Waschstraße fahren.

Vibratorkauf

Wenn wir schon mal dabei sind, möchte ich noch eine schlimme Geschichte aus meiner Ehe erzählen. Irgendwann nach einem sexuell ziemlich frustrierenden halben Jahr mit wenig Verkehr kam meine Frau an und meinte, sie hätte gerne mal einen Vibrator. Am Anfang war ich natürlich ziemlich schockiert, aber dann dachte ich: Warum nicht? Ist ja eigentlich für mich auch eine Entlastung. Außerdem feste Partnerschaft ... Bei Singlefrauen ist das ja was anderes. Die können in der Regel keinen Vibrator benutzen, weil von dem Gesurre immer die Katzen angelockt werden.

Jetzt war nur die Frage, wer kauft dieses Höllengerät? Und die Antwort war sehr schnell klar: ich! Sie meinte, sie könne keinen Vibrator kaufen, schließlich könnte sie jemand dabei sehen. Auf meine Bemerkung, dass mich dabei ja auch jemand sehen könnte, meinte sie nur, ich sei ja schließlich schuld, dass sie einen Vibrator bräuchte, und deswegen gelte das Verursacherprinzip.

Ich also in einen Sexshop – das war lange vor unserer Latex-Aktion. Wenn Sie da zum ersten Mal reingehen, verlieren Sie umgehend den Glauben an die Menschheit. Erst mal zehn Kabinen aneinandergereiht. Aus der ersten »Jaja«-Gestöhne, aus der zweiten »Ohohoho«-Gestöhne, aus der dritten »Määh«. Früher war so ein Vibratorkauf, glaube ich, viel angenehmer. Da gab es den Vibrator nämlich bei Quelle. Damals hieß der noch »Massagestab Bertram«. Vielleicht kennen Sie noch dieses berühmte Bild auf S. 758, wo sich die Frau damit den Oberarm massiert. Ich muss sagen, als Jugendlicher hat das meine Vorstellung über die Lage der erogenen Zonen bei Frauen ziemlich durcheinandergebracht. Aber es war wenigstens dezent.

Ich hingegen stand jetzt in diesem Laden vor diesem monströsen Vibratorregal, und ich sage Ihnen: erschütternd! Allein die Größe der Geräte ... Ich glaube, da würde selbst ein Elefant nur noch mit dem Kopf schütteln. Manche auch mit so Riffeln und Stacheln, als wären sie zum Abflussreinigen gedacht.

Ich wusste auch wirklich nicht, nach welchen Kriterien ich da jetzt auswählen sollte: Lautstärke, pH-Wert, kompostierbar ... Schließlich habe ich mich dann für das Modell *Long Angel* entschieden, einen Riesen-Brummer aus chinesischer Produktion, was an sich ja schon ein Widerspruch ist. Aber egal, denn ich hatte einen Riesenspaß mit der Gebrauchsanleitung. Da hieß es: »Häßlichen Glockwuns zu Erwerben von Angel, einem Hochleitungsvibator für einen mehr erfreulichen Ogasmus. Anwendung: Vibator verpacken Entnehmung. Stellen sicher, Battereien voll beladen und pus-minus in lichtige Lichtung. Nun dücken On-Salter«, und da kommt jetzt mein Lieblingssatz: »und fühlen das Geät vorschichtig in die Seide. Nach Beendigung des Ogasmus, Geät entfernen. Keinesfalls in Seide liegen lassen. Andelfalls kein Garantieanspruch.«

Ängste

Aber bei allem Bemühen, männlich zu wirken, ich bin doch mehr so der kuschelige Typ und habe eben viele weiche Seiten. Ich bin ja auch ein sehr ängstlicher Mann. Zum Beispiel habe ich wahnsinnige Angst vor Haien. Also im Meer zu schwimmen geht gar nicht, höchstens noch Baggersee. Gänzlich angstfrei bin ich nicht mal im Hallenbad. Neulich wäre ich fast ersoffen, als ich so meine Bahnen schwamm, und dann ein Bekannter von mir vom Beckenrand rief: »Stephan, hi!«

Aber das ist noch gar nichts gegen meine Flugangst. Allein der Start, wenn der Flieger da in der geschlossenen Ortschaft losbretttert wie so ein Besoffener, da kralle ich meine Fingernägel in die Unterarme von meinem Nachbarn und denke bei jeder kleinsten Bewegung, das Ding knallt gleich runter. Kann doch sein, die Flugzeuge sind ja auch alle vom Typ *Boeing*.

Und besonders liebe ich es ja beim Start, wenn man neben einem von diesen schnöseligen Miles-and-More-Arschgeigen sitzt, diesen schnöseligen Yuppies in der BusinessClass, die die Sicherheitshinweise selbst überhaupt nicht beachten und mich mit meiner ins Gesicht geschriebenen Angst schief angucken. Letztens erzählte mir einer: »Ja, Bahnfahren ist auch nicht sicherer. Erst kürzlich gab es wieder ein schlimmes Zugunglück …« Als ich wissen wollte, was genau passiert war, sagte er: »Ein Flugzeug ist draufgefallen.« Sollte wohl sehr witzig sein.

Ich kann ja an Bord auch gar nichts konsumieren, weil mir so schlecht ist. Wenn die Stewardess kommt mit dem Essen, sage ich immer: »Füllen Sie es bitte gleich in die Tüte, dann sparen wir den Zwischenschritt.«

Wenn ich aus dem Flugzeug aussteige, bin ich dann auch immer todkrank. Und das ist für mich ein doppeltes Problem, weil ich ja außerdem auch noch ein großer Hypochonder bin. Unter Männern sind Sie ja als Hypochonder total akzeptiert. Kenne ich auch so aus dem Freundeskreis, wenn mich ein Freund fragt, wie es mir geht. »Nicht so toll, ich habe eine chronische Pneumokokken-Angina, beidseitig, glaube ich.« Die Rückfrage »Wo hast du die denn her?« kann ich ganz ungezwungen beantworten: »Aus der Apotheken-Rundschau.«

Wenn Sie denselben Dialog mit einer Frau führen, sagt die zum Schluss garantiert diesen schlimmen Satz: »Dann geh doch zum Arzt«. Diesen Satz können Sie sich übrigens schenken, meine Damen, denn die Ärzte können Sie ja heutzutage fast alle vergessen. Die meisten lassen sich ja nicht mal bei der Diagnose helfen. Letzte Woche zum Beispiel hatte ich Ebola – das kennen Sie, das ist eine von diesen neuen, verbesserten Infektionen – und bin sofort in die nächste Tropenklinik, ich hatte alles dabei, was man braucht: Fieberkurve, Stuhlprobe, selbst punktiertes Rückenmark, sogar mein Blutbild hatte ich mit, das sind so rote Spritzer auf weißer Leinwand, das wollte ich schön in der Isolierstation aufhängen. Und was sagen die mir? Die meinten, ich solle mich beruhigen und schickten mich mit einer Packung Baldriandragees wieder nach Hause.

Gut, ich muss natürlich dazu sagen, ich bin in Krankenhäusern nicht so wahnsinnig gern gesehen. Denn wenn ich da mit anderen Patienten auf dem Zimmer liege, untersuche ich die natürlich auch. Und wenn ich nix finde, dann werden die schon mal von mir entlassen. Gut, sollten sie je rückfällig werden, behandele ich die natürlich bei mir zu Hause weiter. Bin ja voll ausgestattet. Habe so einen kleinen Doktorkoffer, und statt einem neuen Auto habe ich mir jetzt einen Computertomographen geleast. Das ist an dieser Stelle auch ein Angebot an Sie: Wenn Sie mit Ihren Ärzten nicht zufrieden sind, kommen Sie zu mir. Ich finde immer was. Meine Adresse bekommen Sie vom Verlag, ich bin auch leicht zu finden. Bei mir steht ein großes Schild am Haus, da steht jetzt nicht drauf »Praktischer Arzt«, sondern »Stephan Bauer – Praktisch Arzt«.

Mann richtet sich ein

Typisch für die Nachtrennungszeit ist ja das sogenannte Wechselbad der Gefühle. Mann fällt innerhalb von Hundertstelsekunden von der größten Euphorie in die tiefste Depression. Das sind dann ganz lange Phasen von Niedergeschlagenheit, wo man stundenlang einfach nur zu Hause sitzt und auf die Raufasertapete starrt, in der Hoffnung, irgendeine Regelmäßigkeit zu erkennen. Ich weiß nicht, ob Sie das mal versucht haben, aber in einer Raufasertapete ist absolut gar nichts, was sich wiederholt, jeder Quadratzentimeter immer wieder neu. Ich habe mir dabei dann gedacht, Mensch, wäre doch mein ganzes Leben so abwechslungsreich …

Das war eben eine Zeit, wo ich gerade zu Hause nur noch eine totale Leere empfunden habe. Gut, das lag auch daran, dass meine Frau die ganzen Möbel mitgenommen hatte. Alles weg. Teppiche, Bilder, Lampen, Vorhänge. Ich durfte eigentlich nur das behalten, was vom Möbelwagen runtergefallen war.

Ich musste mich komplett neu einrichten. Zugegebenermaßen ist das für einen Mann ja nicht so wahnsinnig schwer, weil die ganze Deko-Kacke schon mal wegfällt. Meine Frau hatte geradezu einen echten Deko-Zwang. Es gab in der Wohnung keinen Quadratzentimeter, der ohne Gestaltung bleiben durfte. Ein drapierter Stoff hier, ein Kerzenensemble da, draußen klapperte völlig nutzlos ein Windspiel. Das ging bei uns so weit, wenn ich die Füße auf den Tisch gelegt habe, musste ich aufpassen, dass sie keine Schleife um meine Zehen bindet.

Wenn Männer eine Wohnung einrichten, ist alles viel unkomplizierter, da zählt nur ein Kriterium: das Preis-Stauflächen-Verhältnis. Je größer die Staufläche pro ausgegebenem Euro, desto besser. Deswegen gab es für mich nur ein Möbelstück, was in Frage kam:

Billy. Also habe ich jetzt meine ganze Wohnung mit Billy-Regalen vollgestellt, an allen vier Wänden von oben bis unten. Mehr brauche ich wirklich nicht; wenn man zum Beispiel im Regal zwei Bretter übereinander legt, dann kann man auch super drin sitzen.

Alles, was ich jetzt noch brauchte, war ein Bett. Das hatte meine Frau ja auch mitgenommen. War aber nicht schlimm, ein Bett sollte man eh ab und zu neu kaufen. Der Grund: Kissen und Betten bestehen schon nach fünf Jahren zu fünfzig Prozent aus Milben, Milbenkot und Milbenkadavern. War aber andererseits auch eine Riesengenugtuung, mir vorzustellen, wie sie da mit ihrem neuen Typen drinlag …

Mann hält es bei sich sauber!

Mir hilft es sehr, dass mit meiner Frau und ihrer Deko auch andere große Konfliktfelder aus meinem Leben und vor allem aus meiner Wohnung verschwunden sind.

Zum Beispiel der Bereich Hygiene. Was haben wir da gestritten! Denn ich hatte zu Hause die Angewohnheit, nie Staub zu wischen. Das fand ich völlig überflüssig, bei uns war niemand allergisch. Im Gegenteil, ich fand das sogar unglaublich praktisch, wenn auf der Kommode im Eingangsbereich so eine zentimeterdicke Staubschicht drauf war, da konnte man während des Telefonierens auch schnell mal ein paar Notizen machen.

Und das war jetzt zu Beginn meiner Zeit als Single halt wunderbar. Im Grunde genommen habe ich bei mir die Hygiene-Standards aus meiner Studentenzeit wieder eingeführt. Da ist Dreck ja eine von vielen Formen der Selbsterhaltung. Wenn ich es nicht mehr schaffe, vor Ladenschluss aufzustehen, brauche ich nur die Küche zu fegen und kriege noch ein Müsli zusammen. Das habe ich auch als Kind schon so gelernt: Meine Mutter hat immer gesagt, in einer Küche muss es so aussehen, dass man vom Boden essen kann.

Das Problem ist nur, diese anfängliche Schmutzeuphorie hält ja nicht ewig an. Spätestens, wenn man vorhat, mal eine Frau mit nach Hause zu bringen, wird man zum Umdenken gezwungen. Auch mir wurde dann sehr schnell klar, ich brauche eine Putzfrau. Nur woher nehmen?

Das wichtigste Auswahlkriterium, wenn man eine Putzfrau sucht, lautet: keine zu junge. Denn junge Frauen kommen alle mit lackierten Fingernägeln, sind super empfindlich, aber letztlich wollen sie nur Sex. Für mich war klar: Es muss eine ältere Frau sein. So eine harte, die nichts mehr umhaut, so eine, die einem verkrusteten Herd unter sportlichen Gesichtspunkten entgegentritt. Ja, und dann hab ich mir den Saustall bei mir noch mal ganz genau angeschaut und dachte, was ich eigentlich bräuchte, wäre eine Trümmerfrau.

Nun kann man ja keine Annonce schalten »Suche Original-Trümmerfrau« – sonst denken alle, Guido Knopp sucht wieder Zeitzeugen für eine neue Sendung. Also habe ich stattdessen geschrieben: «Welche reife Frau möchte Situation von 1945 noch einmal in geschlossenen Räumen erleben?« Hat sich niemand gemeldet, wahrscheinlich hat die Jahreszahl doch auch zu viele schlimme Erinnerungen wachgerufen. Ich habe dann noch eine aufgegeben: »Welche reife Frau möchte Situation von 1946 …« Und so ging das immer weiter, 1948, 1949, für die fünfziger Jahre habe ich den Anzeigentext dann natürlich angepasst: »Nostalgisches Putzen im Petticoat. Entfernen Sie Flecken, die genauso alt sind wie Sie.« Zumal meine Wohnung inzwischen wirklich an die fünfziger Jahre erinnerte. In der Küche rollten schon die ersten Käfer vom Band. Erfolg hatte ich erst mit 1968, da hat sich dann ein alter Hippie gemeldet. Den konnte ich dann aber nicht nehmen, weil ich befürchtete, dass der mehr Dreck reinbringen würde als rausschaffen. Außerdem war das Vorstellungsgespräch so merkwürdig. Der kam in die Küche, sah mein Einmachglas mit grünem Tee und meinte: »Super, Gras! Lass uns erst mal einen rauchen.«

Also musste ich halt in den sauren Apfel beißen und habe einen absoluten Profi engagiert aus dem Hochpreissegment. Frau Petrunescu aus Rumänien. Bei uns in der Wohngegend ist sie ein Star, putzt nur bei den besten Adressen. Die arbeitet nicht so wie andere nach dem Motto »Was wünsche Massa? Nicht schlage Massa!« Nix da, die nennt sich auch nicht mehr Putzfrau, sondern auf ihrer Visitenkarte steht Dirt-Consultant. Ursprünglich wollte die zwanzig

Euro die Stunde, da habe ich ihr erst mal was vorgeheult von wegen »armer Künstler, kann höchstens zehn Euro«. Damit war sie dann auch einverstanden unter der Bedingung, dass ich nie öffentlich sagen darf: »Ich leiste mir eine Putzfrau.« Stattdessen erzählt sie nun überall herum, dass sie sich einen Kabarettisten leistet.

Haustiere im Allgemeinen

Meine Mutter hat mir mal gesagt, ich sollte mir einen Hund anschaffen, damit ich nicht so allein bin. Hat mir ein Foto gezeigt. So eine ganz neue Züchtung ist das. Ist eigentlich gar kein Hund mehr, sondern sieht eher ein bisschen aus wie eine Kreuzung aus Meerschweinchen und Wischmopp. Sie meint, für den Fall, dass mal Einbrecher kommen sollten. Aber da sollten Sie den Hund mal sehen – der ist so klein, mit dem können Sie nie im Leben einen Einbrecher stellen. Höchstens nach ihm werfen.

Meine Schwester war neulich im Urlaub und hat mir ihre Katze vorbeigebracht, zum Ausprobieren. War ganz nett, aber dann hat sich rausgestellt: Ich bin allergisch. Meine Schwester im Vier-Sterne-Hotel am Swimmingpool und ich in einer Zweizimmerwohnung mit Bronchospasmus. Ich wollte sie dann ins Tierheim bringen, und was haben die gesagt: »Wir sind voll.« Und mir noch eine zweite Katze aufs Auge gedrückt.

Und jetzt muss man ja sagen, Katzen sind echte Arschlöcher. Die haben gleich gemerkt, mit mir kann man es machen, haben so lange die Nahrung verweigert, bis ich sie gestreichelt habe. Und wenn so eine Situation auftritt, müssen Sie eine Abwägung treffen zwischen Katzen-Verhungern-Lassen und Selbst-Ersticken. Die wurden immer dünner, ich immer blauer. Als ich uns mit letzter Kraft zum Arzt geschleppt hatte, kamen die Katzen natürlich auch noch zuerst dran.

Mäuse im Besonderen

Apropos Tiere, wir hatten mal eine Maus in der Wohnung. Das war furchtbar. Angefangen hat es damit, dass meine Frau in der Küche angefressenes Obst und Brotkrümel fand und natürlich erst mal mich im Verdacht hatte. Ich habe das abgestritten, woraufhin sie als Frau sofort fünfzig Situationen aufzählen konnte, in denen ich bereits beim Krümeln gesehen wurde. Ich habe ihr gleich gesagt, dass wir ganz offensichtlich eine Maus hätten, aber sie meinte bloß, Mäuse hätten wir nur, wenn ich fürs Putzen zuständig wäre. Ich habe ihr dann Speichelproben und medizinische Gutachten über Bissabdrücke angeboten. Keine Chance. Sie bestand auf einer Kiefersperre für mich. Und dann kam der Eklat, am Sonntagnachmittag ist sie im Marmorkuchen auf ein umfangreiches Tunnelsystem gestoßen. Da hat sie allen Ernstes behauptet, ich hätte mit der Kerze in den Kuchen gebohrt, um zu sehen, ob er schon fertig wäre.

Am folgenden Sonntag hat sie, Gott sei Dank, die Maus leibhaftig gesehen. Ich erkundigte mich bei meiner Frau, ob es nicht an der Zeit für eine Entschuldigung ihrerseits wäre, aber der Meinung war sie nicht. Das war ja auch schon recht kurz vor unserer Trennung.

Aber da meine Frau nun wusste, dass wir eine Maus haben, war ich natürlich erst recht gearscht; denn die Frau verbrüdert sich ja grundsätzlich mit der Maus. Die ist ja so niedlich. Da wird Essen hingestellt, da werden Getränke geliefert. Teilweise wird für die Maus auch warm gekocht. Und wenn wir abends weg waren, hat meine Frau den Kühlschrank offen stehen gelassen, damit das Tier leichter an Nahrungsmittel kommt. Und die Maus hat alles mitgenommen: Käse, Gemüse, Wurstwaren. Zusammengefasst:

Genug zu essen hatten wir nur, wenn ich eine offene Schachtel Mon Chéri hinstellte, dann hat sie drei Tage lang ihren Rausch ausgeschlafen …

Ich habe dann einen Kammerjäger angerufen. Und wissen Sie, was die einem dann sagen? Sie kommen nicht wegen Einzelmäusen, sondern nur bei Mäusefamilien. Wir sind eine Mäusefamilie, versuchte ich zu argumentieren – halt nur mit zwei erwachsenen Menschen dabei. Keine Chance. Ich bin dann in eine Zoohandlung, habe noch Zusatzmäuse gekauft und gehofft, dass sie sich vermehren.

Balkonpflanzen

Da war ich irgendwann so traurig, dass ich mich mal umbringen wollte. Habe ich das Fenster aufgemacht, Augen zu und dann einen Schritt ins Freie … Und nach zwei Sekunden dachte ich: »Hä? Gar kein Zugwind, kein Fallgefühl, und leben tue ich auch noch.« Dann machte ich die Augen wieder auf und stellte fest: Ich habe ja einen Balkon.

Ich habe das als Zeichen verstanden, den zu begrünen. Und ich glaube, so werden alle Männer zu Hobbygärtnern. Ich glaube, alle Männer, die sich mit Pflanzen beschäftigen, wollten sich ursprünglich mal umbringen.

Der Anfang als Gärtner war natürlich schwer, da ist mir alles kaputtgegangen. Entweder sind die Pflanzen vertrocknet, hatten Schildläuse oder sind aus reiner Bosheit gestorben. Das ging innerhalb von einer Woche: Eintopfen, Gießen, Düngen, Wegschmeißen, Neue Kaufen. Für die Pflanzen war es der Horror bei mir. Ich war mal in einem Gartencenter, da hing ein Bild von mir an der Wand mit der Überschrift »Wanted«.

Aber es lohnt sich, denn Frauen stehen ja total auf Männer mit Pflanzen. Was klingt verlockender: »Willst du meine Briefmarkensammlung sehen?« oder »Komm, ich zeige dir meine Königskerze …«? Sie haben dann auch bessere Karten bei der Fortpflanzung. Wenn Sie im März romantisch mit ihr auf dem Balkon sitzen, und eine Frau sieht, wie eine rote Rose ihre Knospen ausbildet, denken die sich: »Mensch, wer so ein Ding durch den Winter kriegt, der bringt auch fünf Kinder durch den gleichen Winter.« Gut, die Frage ist natürlich, wie bringt man eine Frau Anfang März auf den Balkon, aber da gibt es einen ganz einfachen Trick: Ableger in Aussicht stellen.

Ich werde jetzt natürlich oft von Männern gefragt, welche Pflanzen man kaufen sollte. Diese Frage setzt voraus, dass Sie eine Pflanze als solche überhaupt erkennen. Noch mal ganz kurz: Pflanzen haben Wurzeln, Blüten und Blätter. Das ist nicht selbstverständlich. Es gibt ja Männer, die stecken einfach eine nackte Stange in den Blumentopf und wundern sich, dass die nicht angeht. Aber, liebe Männer: Die ist nur zum Festbinden.

Und ganz wichtig: Sie müssen mit ihren Pflanzen reden. »Guten Morgen, kleiner Ficus, hast du alles fein ausgetrunken? Brav. Duziduzi.« Und eines Tages ist dann etwas ganz Verrücktes passiert. Ich habe meinen Ficus gegossen, und da hat der gesagt: »Danke, Papa.« Und das ist ja das Tollste für einen Vater, die ersten Worte.

Das war also eine total schöne Zeit – bis der Gummibaum in die Pubertät kam. Da ging das dann los: »Scheiße, bin ich hässlich.« Der wollte keinen Dünger mehr haben, sondern Clearasil. Ich habe es dann mit Pädagogik versucht. »Du Gummibaum, komm mal her: Du bist nicht hässlich, es kommt auf die inneren Werte an.« »Da ist bei mir auch nur Gummi, buhuhuh.« Was macht man mit einem depressiven Gummibaum? Vor allen Dingen hat der die anderen ja noch angesteckt. Fing dann der Efeu an – »Ich hänge voll durch« – und bald der Kaktus – »Keiner will mich streicheln«.

Inzwischen jammert meine ganze Wohnungseinrichtung. Neulich, das muss ich Ihnen erzählen, brüllte aus dem Gefrierfach ein Tiefkühlhähnchen: »Ich bin starr, hol mich hier raus!« Ich kann inzwischen auch nicht mehr in Ruhe Radio hören, da lief *Uptown Girl*. Prompt fing neulich mein Kühlschrank an mitzusingen: »Yeah, du musst mich abtaun!« Bei mir herrscht ein Lärmpegel … Wenn ich abends nicht ab und zu mal rauskäme, würde ich verrückt werden.

Beim Friseur

Aber auch sonst, ich tue schon etwas für mein Äußeres. Zum Beispiel gehe ich einmal im Monat zur Kosmetikerin. Die macht das komplette Programm: Peeling, Mitesser raus, Feuchtigkeitsmaske. Oder in Männersprache: Abbeizen, Holzwürmer entfernen und frische Lasur drauf. Die macht mir übrigens auch die Fingernägel. Deswegen ist es immer ganz wichtig, dass man zu einer Kosmetikerin geht. Ich war mal bei einem männlichen Kosmetiker, der hat mir die Fingernägel abgekaut.

Und ich achte auch immer drauf, dass ich zu einem guten Friseur gehe. Wo geht man da in Köln hin? Das Problem ist ja immer, bei den Star-Friseuren in den Großstädten kriegen Sie nie einen Termin. Ich war mal in Berlin, hab zum Spaß beim Walz angerufen: neun Wochen Wartezeit! Als Mann in meinem Alter. Wer weiß, ob ich da überhaupt noch Haare habe. Ich war einmal zu einer Fernsehaufzeichnung in Hamburg, und ich sah unmöglich aus und in der ganzen Stadt alle guten Friseure belegt … Ich bin dann in meiner Verzweiflung in die Hamburger Staatsoper zum *Barbier von Sevilla*.

Und da sehne ich mich eben auch wieder nach meinem Dorf zurück. Denn wir hatten einen Friseur bei uns im Dorf, der hatte immer Zeit: Das war der Salon Boll.

Das war ein alter Mann über siebzig. Der konnte auch nur einen Haarschnitt und zwar für Frauen und Männer gleich. Im Grunde war das so ein bisschen wie beim Schafescheren: hinkommen, Wolle runter und dann eine Woche frieren.

Aber ich mochte den. Der war so selbstironisch, der sagte nach dem Haarschnitt immer: »Schön ist es nicht geworden, aber wenigstens macht das Ohr keinen Ärger mehr.« Das hatte aber einen realen Hintergrund, weil der Herr Boll in den fünfziger Jahren tatsächlich mal einem das Ohr abgeschnitten hat. Er hatte gesagt »Stillhalten!«, und der Kunde hatte gefragt »Was?«, und weg war es. Der war da gnadenlos. Das wussten auch alle. Die alten Männer z.B., wenn die dort hingegangen sind, um sich rasieren zu lassen, dann haben die danach immer ein Glas Wasser getrunken, um zu überprüfen, ob die Kehle leckt.

Und das vermisse ich heute beim Friseur, so ein bisschen Abenteuer: Heute Kaffee mit Biscotto, bei der Haarwäsche: »Ist es angenehm so?« Eine solche Frage hätte der Boll nie gestellt. Bei dem gab es gar nicht mal warmes Wasser. Und was ich besonders liebe, gerade von diesen jungen Friseusinnen-Tussen – das kann ich hier ruhig mal so sagen, glaube ich, die lesen eh keine Bücher – ist die unangemeldete Kopfhautmassage. Reiben die einem so lasziv durchs Haar, gucken dabei auch immer so geil, erst am Nacken, dann die Schultern, die Oberarme – ich frage mich dann immer, wo vermuten die eigentlich meine Kopfhaut?

Spieleabend

Dass ich so auf meine Äußeres achte, ist ja etwas Neues in meinem Leben. Habe ich früher nicht gemacht. Gut, das hängt natürlich mit der Trennung zusammen, denn ich musste dabei einfach feststellen, dass die inneren Werte, die mir so wahnsinnig viel bedeuten, mit Füßen getreten wurden. Mir hat ja auch niemand geholfen. Keine Nachbarn, Verwandte, Freunde.

Was heute ab und zu mal vorkommt: Mich laden jetzt neuerdings mal Pärchen ein. Wobei, das ist ja auch nicht mehr das, was es mal war. Wenn einen Pärchen heute einladen, laden die einen ja nicht zum Essen ein, sondern zum Spieleabend – wo man sein Essen auch noch mitbringen muss. Und ich hasse Spieleabende. Die einzige Form, wie ich das rumkriege, ist, wenn ich mir ordentlich was zu trinken und zu knabbern mitbringe, nämlich achtzigprozentigen Wodka und Haschkekse. Denn die meisten kommen ja immer an mit ihrem absoluten Horror-Spiel *Die Siedler von Catan*.

Für die beneidenswerten unter meinen Lesern, die es nicht kennen: *Die Siedler von Catan* ist ein sogenanntes Würfel-Strategiespiel, wo es darum geht, ein Land zu besiedeln, die Rohstoffe auszubeuten und Gegner physisch, psychisch und ökonomisch völlig zu ruinieren. Sieben Stunden lang musste ich Lehm gegen Erz tauschen, und dann kamen die Gastgeber um halb vier an mit ihren ganzen Siedler-Erweiterungen: Burgen und Ritter, Siedler-Seefahrer. Ich habe dann gekontert: »Leute, darf ich euch mal meine Erweiterung vorstellen: Tsunami.«

Meine Antipathie gegen das Spielen ist ja uralt, denn ich habe ja schon als Kind gegen meine Eltern immer verloren. Die Hölle war für mich Monopoly. Egal, wie ich es angestellt habe, ich kriegte immer die Badstraße und die Turmstraße – kennen Sie bestimmt, das sind diese beiden schäbigen dunkelblauen nach dem Losfeld. Ich hab da auch nie Häuser und Hotels draufgebaut, sondern Bordelle und Spielhallen. Oder kennen Sie noch die beiden Kartenhaufen, von denen man immer ziehen musste? »Gemeinschaftskarte« und »Ereignis-Feld«. Ich fand das so ungerecht: Mein Vater gewann immer den »2. Preis in der Schönheitskonkurrenz« und ich musste dreitausend Mark Schulgeld zahlen – als Achtjähriger. Und ob Sie es mir glauben oder nicht, in zehn Jahren Monopoly durfte ich kein einziges Mal über Los und musste mindestens vierhundertmal ins Gefängnis.

Und dann kam dieser Tag, da wurde ich gerade aus dem Gefängnis entlassen, mein Puff in der Badstraße lief auch nicht, und dann landete ich bei meinem Vater auf der Schlossallee mit einem Hotel drauf. Da ist mir echt die Sicherung durchgebrannt. Ich habe aus dem Keller einen Vorschlaghammer geholt und das Hotel auf dem Spielfeld zerdeppert. Man Vater fragte nur hilflos, was das sollte – zur Antwort gab ich ihm: »Blindgänger aus dem zweiten Weltkrieg.«

Aber wissen Sie, an dieser Stelle sehen Sie halt auch, dass das Verhältnis zu meinem Vater nicht so ideal war. Nicht, dass ich meinen Vater nicht mochte, aber er war für mich nie so eine richtige Autoritäts- oder Respektperson. Er hat mir – wahrscheinlich wegen seiner dörflichen Herkunft – auch nichts mitgegeben an Kultur oder Bildung. Ich konnte ihn eigentlich nie was fragen. Das Beste war: In der Pubertät, da habe ich ihn mal gefragt: »Sag mal, Papa, was ist eigentlich der Unterschied zwischen Transvestiten und Transsexuellen?« Und mein Vater meinte: »Die Transvestiten wachsen von unten nach oben und die Transsexuellen hängen von der Decke runter.«

Esoterik und ich

Viele gastronomische Betriebe leiden ja unter einem viel zu großen Männeranteil unter den Gästen. Frauen treffen Sie dort weniger an, und Frauen, die alleine unterwegs sind, schon gar nicht. Wenn man eine neue Partnerin sucht, sollte man aber möglichst dorthin, wo möglichst viele Frauen sind … Kloster scheiden aufgrund der geringen Flirtchancen aus. Ideal ist also aber der Esoterik-Bereich. Dort findet man jede Menge alleinstehende, frustrierte Frauen.

Ich weiß, dass viele Männer enorme Vorurteile gegen Esoterik haben, weil sie nicht auf der Ebene des Rationalen, sondern auf der Ebene des »Blabla« liegt. Das hat aber große Vorteile. Sie können eine Frau ganz anders ansprechen: »Entschuldigen Sie, kennen wir uns nicht aus einem früheren Leben?« Da werden Sie nie hören: »Kann ich mich nicht dran erinnern.« Das ist wirklich wunderbar, da geht man zusammen nach Hause, trinkt ein paar Gallonen Holunderblütentee, ommt sich zwei Stunden lang an und zeigt sich dann irgendwann gegenseitig die körperliche Mitte. Soweit die Theorie.

Ich habe mir dann also in den Gelben Seiten eine entsprechende Esoterik-Adresse rausgesucht, und zwar das »Institut für ambulante Gemütshermeneutik«. Da waren zwei Kurse noch frei, Meditatives Shag-Kneten nach Blätscher-Böttinger und Tantrische Milz-Reflexmassage im Ahorn-Sud. Ich habe dann das Shag-Kneten genommen. Es war grauenvoll: nur Männer! Alle aus denselben Motiven da wie ich, und keiner wollte es zugeben. Stellen Sie sich vor, was man da durchmacht, ein Wochenende lang mit sieben notgeilen Lkw-Fahrern Schlüsselbeine massieren.

Meine Frau und Esoterik

Eigentlich hätte ich es besser wissen müssen, denn bereits während meiner Ehe hatte ich eine Antipathie gegen Esoterik entwickelt. Meine Frau war ja auch so eine Esoterik-Tante. Traf sich immer mit ihren Freundinnen im Buchladen »Aquarius« zu spiritistischen Sitzungen: Pendeln, Reinkarnation, kosmische Schwingungen einfangen, mit Toten telefonieren.

Sie lachen, aber bei uns zu Hause wurde das eins zu eins umgesetzt. Die Geschichte mit unserem Bett etwa. Rahmen Esche natur, Stiftlatexmatratze, Lattenrost zwölffach verstellbar mit Bandscheibenstütze und flexibler Schulterzone, also praktisch schon eine Anschaffung für die Rente. Ein Jahr, nachdem wir es gekauft hatten, kam sie an: »Du, wir müssen das Bett umstellen – die Erdstrahlen!« Dann holte sie einen Kleiderbügel aus dem Schrank, packte ihn an beiden Enden und führte mir vor, wie er zu zittern anfing, wenn man den Metallhaken Richtung Bett hielt. Ich fragte zuerst noch nach, ob sie was getrunken hätte. »Nee«, sagte sie, »hier ist eine Wasserader unterm Bett.«

»Ja, und? Willst du 'nen Brunnen bohren?«

»Quatsch, die stört unser energetisches Gleichgewicht.«

»Jetzt hör doch auf, im Sudan wären die Leute froh, wenn sie eine Wasserader unter ihrem Bett hätten.«

»Du willst das Bett doch hier wohl nicht stehen lassen.«

»Aber ich hab doch die ganze Zeit prima geschlafen.«

»Das hast du vielleicht gedacht. Aber was will man von dir schon erwarten, du hast ja eh schon total dichtgemacht.«

Das sagte sie immer, ich hätte dichtgemacht. Dann ging sie raus und knallte die Tür zu. Aber ich war ja der, der dichtgemacht hatte. Hat nur leider alles nichts geholfen. Wir mussten den

Vier-Zentner-Koloss umstellen, nach vorne unters Fenster. Ich habe nach einiger Zeit mal vorsichtig reklamiert, dass ich jeden Morgen einen steifen Nacken hatte. Einziger Kommentar von ihrer Seite: »Dann ist wenigstens mal irgendwas steif.« Wochenlang hab ich gebettelt, wir möchten doch bitte das Bett zurückschieben. Nichts. Ich habe dann von einem Freund, der Drucker ist, einen Zeitungsartikel fälschen lassen mit der Überschrift »Elektrosmog unter Fenstern besonders stark!« Daraufhin durfte ich das Bett wieder umstellen. Danach stand es in der Küche.

Flirt mit einer Deutschlehrerin

Es ist natürlich nicht so, dass gar nichts bei mir läuft. Kleine Episoden gab es auch bei mir in den letzten Monaten. Ganz kurz hatte ich was mit einer älteren Frau, einer ganz schwierigen Person: einer Deutschlehrerin. Wissen Sie, so die Sorte Frau, die Heiratsannoncen aufgibt, um sich bei den Antwortbriefen über die Rechtschreibfehler lustig zu machen.

Und eben so haben wir uns tatsächlich kennengelernt – über eine Annonce. Ich blätterte die Kleinanzeigen durch und dann stand da irgendwann: »Suche Mann, der bei Büchner an was anderes denkt, als an einen Schreibfehler im Nominativ-Plural von Bücher.« Da dachte ich, die ist genau richtig für mich. Denn ich denke bei Büchner an rein gar nichts. Also habe ich ihr geschrieben, und bekam von ihr postwendend zur Antwort:

Sehr geehrter Herr Bauer, Ihre Bewerbungsunterlagen in Bezug auf meine Heiratsannonce habe ich erhalten. Ausdruck und Grammatik nur mit Bedenken ausreichend. Bitte machen Sie sich mit der Kommasetzung vor erweiterten Infinitiven vertraut oder besuchen Sie den VHS-Kurs »Deutsch für Ausländer«.

Und wissen Sie, was ich darauf geantwortet hab: »Sprachkurs konkret überfüllt. Voll Krass, Alte. Hey du blöde Tuss, wllst mir konkred treffe, oder was?«

Darauf hat sie mir wieder geschrieben:

Sehr geehrter Herr Bauer, ich freue mich über Ihre sprachlichen Fortschritte. Gestatten Sie mir jedoch einen kleinen Hinweis betreffend »Voll Krass«: Unser großer deutscher Schriftsteller heißt mit Vornamen nicht Voll, sondern Günter.

So stand also einem Treffen nichts mehr im Weg. Ich kannte ja immerhin Voll Krass. Zur Vorbereitung auf unser Treffen habe ich noch schnell alle seine Bücher gelesen: »Krasstrommel«, »Hundekrass« und »Katz und Krass«.

Wir haben uns dann in einem Café verabredet, als Erkennungszeichen hatte jeder einen Grammatikduden unterm Arm. Und ich habe dann sofort ihr Herz erobert, indem ich bei der Begrüßung die Satzzeichen mitgesprochen habe. »Guten Tag, Komma, ich bin Stephan, Punkt. Ich freue mich, Komma, dass – nach der Rechtschreibreform mit doppel-S – Sie – groß geschrieben – sich für mich Zeit nehmen …«

Davon total begeistert, wurde sie gleich bei diesem ersten Treffen sehr zudringlich. Ihr größter Wunsch war es, irgendwann mal zu heiraten, denn sie wollte, wie alle ihre Kolleginnen, auch endlich einen Doppelnamen haben. Aber mir ging das ein bisschen zu schnell. Ich stand also auf und schützte vor, noch einen Arzttermin zu haben. Sie meinte, das sei in Ordnung, aber beim nächsten Mal solle ich ein Entschuldigungsschreiben von meinen Eltern mitbringen.

Liebe im Chatroom

Etwas anderes, das ich mal versucht habe, um jemand kennenzulernen, war, ins Internet zu gehen. Nicht zu ebay natürlich, sondern in so einen Flirt-Chat. Das ist ja ideal, da muss man nicht verraten, wie alt man ist, was man verdient oder wie man aussieht, sondern denkt sich einfach nur irgendeinen Fantasienamen aus und loggt sich ein, will soviel heißen wie: lügt sich ein. Ich habe mir gedacht, kontrolliert ja eh keiner, nenne ich mich mal *Rammeltiger*. Und nach wenigen Minuten hat sich prompt eine *Pimpermaus* gemeldet. Der habe ich mich dann stichwortartig vorgestellt. »Plattenproduzent, Ferienhaus Florida, werde vom Aussehen her oft mit Brad Pitt verwechselt«. Und sie hat geantwortet: »Harvard-Absolventin, Lagerfeld-Model und Miss Wet-T-Shirt Sachsen-Anhalt«.

Dann sind wir in ein Chat-Separée und los ging's. Sie spüre schon meine Blicke auf der Pfirsichhaut ihrer endlos langen Beine, schrieb sie. Ich antwortete: »Und ich sehe schon, wie du dich auf der Antilopenledercouch meiner 240-Quadratmeter-Penthouse-Wohnung räkelst.« Konterte sie: »Die Nippel meiner enorm großen, trotzdem formschönen Brüste, stehen schon wie eine Eins.« Darauf dann wieder ich: »Mein überdimensionaler Riesenschwengel ist ebenfalls dermaßen angeschwollen, dass nur das noch dickere Portemonnaie in meiner Gesäßtasche verhindert, dass ich nach vorne umkippe.«

So ging das immer weiter. Irgendwann haben wir uns dann mal in echt getroffen. Da saß dann Pimpermaus: Sie war 1,93 m groß, stark behaart und hörte auf den Namen Manfred.

Doktorspiele

Meine Probleme beim Frauenaufreißen sind ja uralt. Ich kann einfach nicht auf Frauen zugehen. Dann weiß ich mir halt oft nur mit so vorgefertigten Anmachsprüchen zu behelfen: »Bist du oft hier?« Oder ich frage in der Eisenbahn: »Entschuldigung, fahren Sie auch mit diesem Zug?«

Eine, die ich gefragt habe, wo sie herkommt, hat mir mal erzählt, sie käme vom Mond. Ich war so in meinem Schema drin, dass ich als Nächstes fragte: »Soll ich dich nach Hause bringen?«

Hauptsächlich ist da mein Vater dran schuld. Der ist ja auch so verklemmt wie ich. Deshalb bin ich so geworden. Schüchternheit wird nämlich vererbt. Das Problem: Das Gen für Schüchternheit konnte bislang nie isoliert werden. Es hat sich immer hinter anderem Erbgut weggeduckt.

Und deswegen war das bei mir eben immer schon so. In der Grundschule zum Beispiel war die Susanne, die war in meiner Klasse, und in die war ich ganz arg verliebt. Aber ich habe mich natürlich nicht getraut, sie anzusprechen. Nicht mal mit einem einfachen »Hallo«, denn sie könnte ja was merken. Also habe ich die klassische Lösung gewählt und irgendwann im Unterricht einen Zettel geschrieben, da stand drauf: »Willst du mit mir gehen?«, mit zwei Feldern zum Ankreuzen daneben: »Ja« und »Nein«. Und jetzt wusste ich, die Susanne schreibt immer mit Füller, und deswegen habe ich das »Nein«-Feld mit Tintenkiller behandelt. Als der Zettel dann zurückkam, habe ich das natürlich als Enthaltung gewertet. Ich dachte, okay, nächster Schritt: Doktorspiele. Habe ich mich also doch endlich getraut, sie anzusprechen: »Na, wie wäre es denn mal so mit einer Untersuchung und so …?« Sie sagte, gerne, aber sie wollte, dass noch ein Dritter dabei wäre. Ich war auch einverstanden, denn vier Augen sehen ja mehr als zwei. Am Ende hat mein Kumpel sie allein untersucht, und ich durfte die Sprechstundenhilfe spielen.

Schlechte Sternzeichen

Manchmal fangen diese Abende mit Frauen ja wirklich gut an. Man lächelt, man flirtet ein bisschen. Ich verschweige, dass ich Komiker bin, sie verschweigt, dass sie dreifache Mutter ist. Alles läuft wunderbar bis etwa halb elf. Da kommen Frauen dann immer mit dieser schlimmen Frage: »Sag mal, was bist du denn für ein Sternzeichen?« Am liebsten würde ich jedes Mal antworten: »Bison«. Denn ich hab das ganz große Problem, ich bin Schütze. Und wenn Frauen Schütze hören, dann ist der Ofen aus. Entweder sie gehen sofort oder sie holen vorher noch ihre Fotos aus der Handtasche: Mein Mann, meine Kinder, mein Hautausschlag.

Man muss dazu wissen: Schütze ist in der Astro-Welt der absolute Super-GAU. Das passt weder zu Widder, noch zu Stier, noch zu Steinbock, geschweige denn zu Löwen. Gut, dass man deshalb als Schütze bei den genannten Tieren nicht sonderlich beliebt ist, ist klar. Mit einem Zwilling ist es allerdings auch nicht leicht – der hat kein klares Profil, ergibt sich ja schon aus seinem Namen. Der ist mal so, mal so. Wenn ich mit einer Zwillingsfrau zusammenkomme, schwanke ich immer zwischen Mord- und Adoptionsabsichten. Gut, es kommt natürlich auch noch ein bisschen darauf an, was sie für einen Assistenten hat.

Aber was ich ja bei meinen Auftritten unheimlich oft feststelle, ist, dass die Schützen, die bei mir im Publikum sitzen, entweder allein sind oder – ganz allein. Denn Schützen sind unheimlich schwierig, sind eitel, anspruchsvoll und ertragen es überhaupt nicht, kritisiert zu werden – also das nur als Hinweis für die Rezensenten dieses Buches! Schützen sind übrigens auch sehr egozentrisch. Erkennen können Sie Schützen deshalb zum Beispiel daran, dass sie auf Beerdigungen immer total sauer sind, weil sich alles nur um die Leiche dreht.

Auf der anderen Seite sind sie aber sehr fair, belohnen gern und lieben geistreiche Auseinandersetzungen. Wenn ich daraus jetzt mal ein Anforderungsprofil stricken wollte: Eine Frau, die es mit mir aushalten will, darf mir auf keinen Fall widersprechen, muss sich hundertprozentig unterordnen und sollte dabei außerdem stets in klugen Worten meine Herrlichkeit preisen.

Puffmänner sind okay

Manche Männer kompensieren ihre Einsamkeit, indem sie ins Bordell gehen. Gerade, wenn man in Hamburg ist, kann man das auch mit gutem Gewissen machen, denn die Unesco hat die Reeperbahn vor wenigen Jahren zum Weltkulturdenkmal erklärt. Ist toll! Man ruft dann seine Frau an und sagt: »Schatz, wird später, ich geh noch ins Museum.«

Es gibt ja Schätzungen, nach denen etwa sechzig Prozent aller erwachsenen Männer schon mal in so einem Museum waren. Aber keiner will's zugeben. Das ist wie mit dem Dschungelcamp, keiner hat's gesehen, aber jeder weiß, wie die dritte Kakerlake von links mit Vornamen hieß!

Ich geb offen und ehrlich zu: Ich war schon mal. Aber nur zum Reden! Das geht auch. Die Frauen haben nämlich völlig falsche Vorstellungen. Es gibt Männer, die lieben ihre Ehefrauen, die gehen ins Bordell, geben der Prostituierten hundert Euro und sagen: »Leg dich einfach hin, mach gar nix, ich hab nämlich Heimweh.« Wir müssen da unsere Sprache auch mal von den Vorurteilen befreien. Ich finde seit der VW-Affäre das Wort »Nutte« auch nicht mehr zeitgemäß. Das sind jetzt »Mitarbeiterinnen des Betriebsrates«.

Ich wurde da sehr freundlich von der Puffmutter begrüßt. »Puffmutter« ist auch ein blödes Wort. Da denkt man erst mal an so eine großbusige, grell geschminkte Schabracke, die einen in zehn Minuten bis zur Pflegestufe 3 pimpert. Die machte mir ein Spezial-Angebot: »Nimm drei, zahl zwei.« – »Okay, und wie viel zahl ich, wenn ich sechs nehme?« – »Vier.« – »Na gut, dann nehm ich zwölf.«

Wurden alle zusammengetrommelt, ein paar haben sich sehr nett vorgestellt: »Hallo, ich bin die Danuta aus Polen und das sind meine Kolleginnen Hanuta und Valuta. Wir machen alles – außer normal.« Dann meinte ich: »Super, ich will ja nur reden.«

Jetzt war das Schlimme, die haben mir das nicht geglaubt. Eine kam dann: »Was brauchst du heute? Möchtest du Windeln anziehen?« Ich sagte: »Wie kommen Sie denn da drauf?« – »Deine Mutter hat hier angerufen.«

Und irgendwann haben sie gemerkt, dass bei mir sexuell nicht viel zu holen ist, und versuchten dann mich geistig zu stimulieren. »Wie viel ist 5.193 mal 2.487 und daraus die Wurzel?« Das fand ich total daneben, ich war ja zum Reden da und nicht zum Rechnen. Ich hab 'ne halbe Stunde gerechnet, dann war meine Zeit um!

Problem: Inzwischen war der Freund der Puffmutter eingetroffen. Knut. Pferdeschwanz, Riesen-Oberkörper, quasi Brustpanzer: »So, junger Mann, dann machen wir mal die Rechnung. Also achtzehn Frauen ...« – »Hä, wieso achtzehn?« – »Na. Nimm zwei, zahl drei. Dazu 178 Flaschen Champagner, macht 34.582 Euro.«

Das war echt zu blöd, weil ich nur fünfzig Euro dabeihatte. »Oh, dann hast du ein Problem.« In der Tat hab ich das. Knut ist jetzt mein Tourmanager, aber wir teilen die Gagen gerecht. Ich krieg das Pausenbrot.

Shoppen bei Hasi und Mausi

Apropos Einkaufen bei H&M. Auch in dem Punkt hat mich meine Ehe traumatisiert. Wenn meine Frau und ich zusammen in der Stadt waren, war das regelmäßig die Hölle, weil wir immer zwei völlig verschiedene Sachen gemacht haben: Ich wollte einkaufen – sie wollte shoppen gehen.

Meine These ist ja: Shoppen wird auf dem zweiten X-Chromosom vererbt. Das heißt, die Art, wie Sie Ihre Einkäufe erledigen, entscheidet sich schon im Augenblick der Befruchtung. Wenn da ein Y-Chromosom bei der Befruchtung dabei ist, wird Ihr Einkauf später mal klar durchstrukturiert: Sie stellen fest, was Sie brauchen, gehen in ein entsprechendes Geschäft, laufen zielstrebig auf das gewünschte Produkt zu, und wenn es Ihnen gefällt, erwerben Sie es käuflich. Mit zwei X-Chromosomen dagegen irren Sie vollkommen planlos umher, probieren hier mal, probieren da mal, und zum Schluss sagen Sie immer: »Diese Saison gibt es aber auch gar nichts.«

Und dann hat das ja auch immer so lange gedauert. Irgendwann habe ich mir deswegen angewöhnt, meine Frau zwar in jedes Geschäft zu begleiten, mich dann aber mit einer Tüte Chips und einem Fässchen Bier in einer beliebigen Umkleidekabine häuslich einzurichten und einen Roman von Thomas Mann zu lesen. Sie werden vielleicht lachen, aber an einem verkaufsoffenen Donnerstag habe ich mal den ganzen *Zauberberg* geschafft.

Und am Schlimmsten finde ich es ja persönlich bei H&M. H&M kennen Sie, das heißt Hasi und Mausi und ist so eine Art Fachausstatter für Bulimie-Kranke. Waren Sie da schon mal drin? Das ist doch schlimm. Überall an der Wand diese Bilder von ausgehungerten Models, wo ich mich immer frage: Werben die jetzt für Unterwäsche oder für *Brot für die Welt*? Das andere, was mich bei Hasi & Mausi fast wahnsinnig macht: Alle Verkäuferinnen sind gepierct. Augenbrauen, Nase, Lippe, Nebenhöhlen … Eines schönen Tages habe ich sogar eine gesehen, die war in der Pupille gepierct. Und da begriff ich endlich: Das sind die Dienstgrade! Eine hatte neun Ringe am Ohr, fünf am Zungenbändchen und sechs am Schließmuskel – das war die Chefin.

Mir diese Hüfthose zu kaufen, war jedenfalls alles andere als einfach. Erst mal habe ich eine von diesen modernen Hosen anprobiert aus 100% Polystyrol-Acetat. Unglaublich! Der Bund hing etwa kurz über dem Schambein, der Reißverschluss auf Kniehöhe und die Taschen irgendwo hinten am Wadenbein. Dachte ich also, suche ich mir eine Verkäuferin, um mal etwas beraten zu werden. Aber bei Hasi und Mausi beraten die Verkäuferinnen ja nicht. Die falten immer nur Pullover zusammen. Den ganzen Tag lang, ununterbrochen. Selbst Pullover, die schon zusammengefaltet sind, falten die auseinander und dann noch mal zusammen. Na gut, das war mir egal, ich zog dann eine von ihnen so am Nasenring her und meinte: »Hey, guck dir das mal an, das schlabbert alles so rum, die Beine viel zu lang, das passt doch hinten und vorne nicht …« Daraufhin empfahl sie mir nur, die Hose noch zwei Größen größer zu nehmen, und wandte sich wieder einem Stapel Pullover zu.

Aber ich hab mir das dann später erklären lassen, das ist Streetwear. Streetwear – für diejenigen ohne Englischkenntnisse – bedeutet, dass die Hose auf der Straße schleift. Das ist unheimlich wichtig, denn wenn Sie mit Plateausohlen nicht zurechtkommen, dann stabilisiert das zusätzlich den Gang. Sie müssen jetzt nur aufpassen, wenn Sie Streetwear tragen, dass Sie diese richtig tragen. Zum Beispiel muss der Bund von Streetwear immer so weit runterhängen, dass man auf der Underwear noch Calvin Klein lesen kann.

Für mich ist das natürlich nix, denn ich trage überhaupt keine Unterwäsche von Calvin Klein. Ich meine, die sieht hübsch aus, aber ich finde das irgendwie deprimierend, wenn man mit einer Frau ins Bett geht, und dann steht über dem Genitalbereich das Wort »Klein«. Da finde ich, haben die Männer früher mehr aus sich gemacht, da stand wenigstens »Schiesser« drüber.

Fick dich ins Knie

Seit öffentlich bekannt ist, dass ich Single bin, erlebe ich die härtesten Sachen. Da stehen nach Fernsehauftritten plötzlich Frauen am Ausgang – wo kommen die eigentlich her? Sind das etwa die Gleichen, die mich auf der Straße, ohne Show vorneweg, nicht mal mit ihrem Allerwertesten angucken? – und wollen mich küssen. Und ich, schüchtern, wie ich halt bin, muss dann immer sagen: »Nee, ich will erst mal nur reden.« Jetzt bin ich aber doch mal neulich mit einer Frau nach Hause gegangen, die hat mich netterweise mit in ihre Wohnung genommen, ist ins Bad verschwunden und sagte vorher zu mir: »Zieh dich schon mal aus.« Und da ich ja ein sehr folgsamer Typ bin, habe ich mich dann ganz brav nackig gemacht, stand dann also da … Kam sie wieder rein mit ihren beiden Kindern und sagte zu denen: »Seht ihr, so seht ihr später mal aus, wenn ihr keinen Sport macht.«

So ist es halt: Wenn Frauen mitkriegen, dass ein Mann Single ist, hacken sie noch viel mehr auf ihm rum. Mir fällt das auch oft nach Vorstellungen auf, wenn ich mir meinerseits ein Herz fasse und mal eine Frau anspreche, die mir gefallen könnte. Was ich in der Situation schon mehrmals erlebt habe, war der Spruch: »Fick dich doch ins Knie.« Wie ich das hasse! Was soll das denn für eine blödsinnige Aufforderung sein? Meine Damen, bei allem guten Willen … Das geht nicht. Rein von der Anatomie her: undurchführbar.

Wobei ich zugeben muss, ich habe es vor ein paar Wochen nach einer solchen Aufforderung im Hotelzimmer doch tatsächlich mal versucht – als Trotzreaktion sozusagen. Bin dabei mehrfach umgefallen, habe mir Prellungen, Hämatome und einen spontanen Hüftschrägstand zugezogen. Außerdem hat das einen Irrsinnskrach gemacht, so dass mich der Hotelier am nächsten Morgen ansprach: »Da haben Sie aber ganz schön ins Knie gefickt gestern Nacht!« Und an dem Punkt habe ich dann beschlossen, mal zu ermitteln, ob das überhaupt rechnerisch geht. Und nun ist es dann ja so, dass von oben betrachtet – aus der Vogelperspektive – der sich ins Knie Fickende zunächst einmal aussieht wie ein Dreieck. Eine Seite bildet der Oberschenkel, die zweite der Unterschenkel und die dritte Seite … der Penis. Und jetzt gehen wir mal davon aus, dass zwischen Ober- und Unterschenkel ein rechter Winkel ist, dann müssen wir zum Penis nämlich auch nicht mehr immer Penis sagen, sondern können ihn Hypotenuse nennen.

Also wenn ich mich jetzt ins Knie ficken könnte, müsste meine Hypotenuse im Quadrat mindestens genauso lang sein wie Oberschenkel im Quadrat plus Unterschenkel im Quadrat. Wie viel mag aber so ein deutscher Oberschenkel im Durchschnitt haben? 50 Zentimeter? Im Quadrat, macht 2.500 … plus dasselbe mit dem Unterschenkel. Also noch mal 2.500. Gibt 5.000, daraus jetzt die Wurzel. Der Taschenrechner sagt dazu: Dann müsste mein Penis 70,71 Zentimeter haben. Und das kann ich mir, jedenfalls an meiner eigenen Person, nicht vorstellen.

Jetzt kann ich natürlich das Bein mit aller Gewalt ranziehen, dann wird die Hypotenuse eine Seitenhalbierende, nur dann löse ich ja im Knie den rechten Winkel auf und dann greift natürlich nicht mehr Pythagoras, sondern der Kosinussatz: Oberschenkel im Quadrat plus Unterschenkel im Quadrat minus zweimal Obermal Unterschenkel multipliziert mit dem Kosinus der Kniekehle und daraus die Wurzel, oder so ähnlich … Und so lang wird er auch nicht. Deswegen kann ich zum Schluss sagen, was ich rausgefunden habe: Mathematisch kann man sich nur dann ins Knie ficken, wenn man sich irgendwo verrechnet hat.

Frauen und Hi-Fi

Zu neuen weiblichen Bekannten hat mir früher auch meine umfangreiche CD-Sammlung gerne verholfen. Ich habe ziemlich viele CDs. Alte Klassiker, aber auch neuere Sachen. Bis heute lade ich mir keine Musik aus dem Internet herunter, weil ich gar nicht weiß, wie das geht. Wenn ich bei MTV irgendeinen Song höre, der mir gefällt, gehe tatsächlich in den Laden und kaufe mir die CD dazu. Ergo bin ich im Grunde der Traumkunde der Musikindustrie.

Das Problem an diesen Bekanntschaften war allerdings immer: Die Bekanntschaft hielt meistens nur so lange, wie es dauert, eine CD von mir auszuleihen.

Darum habe ich dem jetzt einen Riegel vorgeschoben. Ich leihe keine CDs mehr an Frauen aus. Hauptproblem: Mindestausleihdauer ein Jahr oder, anders gesagt, wenn Sie mit der Beliehenen keinen gemeinsamen Haushalt gründen, sehen Sie die CD nie wieder. Es sei denn, die CD ist so altbacken, dass sich Frau für den Besitz zu Tode schämt. Ich habe neulich mal bei einem Klassentreffen von einer ehemaligen Mitschülerin »Vader Abraham und die lustigen Schlümpfe« zurückgekriegt – als LP.

Das war dann allerdings auch wieder lustig, denn das erste, was passierte, als ich sie zurückkriegte, war: Die Platte fiel auf den Boden. Typisch, weil Frauen es ja bis heute nicht einsehen, dass die Öffnung der Innenhülle nach oben muss. Frauen haben bei Schallplatten noch nie was eingesehen. Zum Beispiel auch das richtige Greifen. Frauen fassen eine alte Vinylplatte ja nicht sanft an, sondern sie greifen rein wie in eine Kuchenplatte beim Abspülen. Ich hab vor vielen Jahren mal einer Mitschülerin meine heißgeliebte *Dire Straits* ausgeliehen – als ich die zurückbekam, hatte sie auf der Platte ihre Lieblingslieder angekreuzt.

Frauen stehen mit Tonträgern einfach auf Kriegsfuß. Sensationell fand ich es früher auch, wie Frauen Kassetten vom Radio aufnahmen. Unglaublich. Das erste Lied begann grundsätzlich mitten in der ersten Strophe. Gut, das ist ein bekanntes Phänomen, ich sage nur Leerband … Liebe Damen, das ist dieser durchsichtige Streifen, wo bislang noch keine erfolgreiche Aufnahme nachgewiesen werden konnte. Wobei Frauen das ja immer ganz süß ausgeglichen haben, denn jedes weitere Lied auf der Kassette war entsprechend länger und begann mit den letzten drei Silben der Moderatorenansage. Ich habe Fälle erlebt, da begann *Wish you were here* mit einer Staumeldung.

Das war gar keine böse Absicht, das lag einfach daran, dass für Frauen beim Kassettenrekorder die Pause-Taste praktisch nicht existierte. Die machten das nämlich nicht wie wir Männer mit Pause, Record, Play und dann bei Liedbeginn die Pause-Taste leger anheben … Frauen haben im Lauf der Evolution eine völlig andere Aufnahmetechnik kultiviert. Sie harren so vor dem Radio, lauschen der Musik, um dann bei Liedbeginn innerhalb von Hundertstelsekunden Record und Play in das Gerät geradezu hineinzurammen.

Apropos Frauen und Hi-Fi-Technik: Frauen haben ja auch überhaupt kein Verhältnis zu Boxen. Die stellen da immer was drauf! Vasen, Kerzen oder Blumentöpfe aus Terrakotta – mit Loch unten drin. Ein Mann würde nie im Leben irgendeinen Gegenstand auf eine Box stellen. Niemals! Für Männer sind schwarze Boxen Ikonen der Ästhetik, Allegorien für ein in sich schlüssiges Wertesystem, in dem Hoch-, Mittel- und Tieftöner im vibrationsarmen Titan-Gehäuse friedlich miteinander harmonieren, wo Werte wie Dämpfungssymmetrie und Nennimpedanz noch was gelten. Für Frauen sind Boxen halt … Lautsprecher.

Sie müssen auch mal drauf achten, wie Frauen Boxen platzieren. Entweder direkt nebeneinander, oder die eine Box liegend auf halber Höhe im Bücherregal, die andere stehend oben auf dem auf dem Kleiderschrank – wenn das Kabel reicht, gerne auch mal im anderen Zimmer, damit man dort auch noch was hören kann. Und wehe, Sie erwähnen dann mal beiläufig das Wort Stereodreieck, dann kriegen Sie zur Antwort: »Ja gut, dann setz dich halt ins Waschbecken.« Deswegen sollten Sie als Mann auch nie während einer Beziehung eins von diesen Dolby-Surround-System mit zehn bis fünfzehn gleich großen Boxen anschaffen. Denn Ihre Frau erwartet dann von Ihnen ganz selbstverständlich, dass Sie eine Zehn- bis Fünfzehn-Zimmer-Wohnung anmieten.

Frauen haben eben einfach keinen Sensus für die technischen Notwendigkeiten im Hi-Fi-Bereich. Ich erinnere mich zum Beispiel auch noch daran, wie ich mir mal für meine Anlage vergoldete Cinch-Stecker gekauft habe. Blökte mich meine Frau an: »Da muss es Gold sein – ich kriege zum Geburtstag nur eine Silberkette.« Ich habe ihr dann geduldig erklärt, dass ich ihr gerne sofort eine Goldkette kaufen würde, wenn das ihren Klang verbesserte.

Verzweiflungstaten

Wenn man so alleine ist wie ich, ergreift man natürlich jede Möglichkeit, um irgendwo mal eine Frau kennenzulernen. Was ich mir jetzt als Letztes überlegt habe, zum Beispiel, war ein Badeurlaub.

Ich dachte: Warum nicht? Man ist relaxt, entspannt, offen für Neues, und wenn es schiefgeht, kann man gleich ins Wasser gehen. Ich dachte mir, Ibiza wäre das Richtige, das kannte ich noch aus den frühen Rammelfilmen mit Sascha Hehn.

Als ich auf Ibiza ankam, war mein erstes Problem die Sonne. Denn ich kriege in der Sonne immer so eine komische Farbe, und zwar blau – weil ich die ganze Zeit den Bauch einziehe. Trotzdem hat mich aber doch tatsächlich eine in die engere Wahl genommen. Allerdings sehr, aber wirklich sehr korpulent. Wie soll ich das am besten beschreiben? Als ich ihr den Rücken eincremte, musste ich das Sonnenöl mit der Rolle auftragen. Aber die wollte mich haben – und ist dann auch richtig ran. Die hat mich zum Beispiel gefragt, was ich den ganzen Tag so machen würde. Meinte ich: »Essen, trinken, ab und zu mal aufs Klo gehen«. War sie total aus dem Häuschen, das würde sich genau mit ihren Interessen decken!

Und ich dachte schon, vergiss es. Jetzt hatte ich nur übersehen, dass abends in diesem Club-Hotel ein Animationsprogramm stattfand mit Verkupplungsspielen. Zum Beispiel dem Orangentanz. Kennen Sie den Orangentanz? Da nimmt man sich eine Orange, klemmt die zwischen die eigene Stirn und die seiner Tanzpartnerin und tanzt dann so los. Und die Idee dahinter ist natürlich, dass die Orange irgendwann runterfällt, die beiden Köpfe zusammenknallen, sich beide das Jochbein brechen, und man sich dann beim gemeinsamen Krankenhausaufenthalt näherkommt.

Jetzt war nur meine Tanzpartnerin unglücklicherweise die mit der Rolle, sodass die Orange auf gar keinen Fall runterfallen durfte. Ich habe also wie verrückt gegen die Orange gepresst – da lief dann schon der Saft das Gesicht runter. Der Animateur meinte: »Ah, da laufen schon die Säfte.« Ich habe die Orange richtig in ihre Stirn eingearbeitet. Das fand sie natürlich total scheiße, denn das war die einzige Stelle, wo sie noch keine Orangenhaut hatte. Und nach dem dritten Eimer Sangria sollte ich dann auch noch mit auf ihr Zimmer kommen. Ich sollte oben liegen, sie unten. So hatten wir das besprochen. Aber das ging dann gar nicht, das Hotel hatte gar keine Etagenbetten.

Urlaub in Ägypten

Ich habe ja auch praktisch nichts gesehen von der Welt, gar nichts. Gut, einmal war ich mit meiner Frau in Ägypten. Das war schrecklich. Meine Empfehlung: Machen Sie nie mit einer emanzipierten Frau Urlaub in einem arabischen Land. Sie können da nicht entspannen, weil die sich den ganzen Tag über die patriarchalischen Strukturen aufregen. »Diese armen Frauen. Ich würde mich ja nie verschleiern.« Ich finde das auch nicht so toll, aber in Ägypten müssen sich die Männer von ihren Frauen wenigstens nie die Frage anhören, was sie anziehen sollen.

Sie ist dann ins Hotel zurück, hat sich umgezogen und ist anschließend mit Shorts und durchsichtigem Oberteil durch die Medina von Kairo gelaufen – aus politischen Gründen. Die Leute haben uns so schief angeguckt, dass manche Schlagseite bekamen und umfielen. Am Schluss habe ich mich verschleiert, weil ich mich so geschämt habe.

Wobei, man muss ja sagen, dass so eine selbstbewusste Frau beim Handeln auch sehr hilfreich sein kann. Ich wollte mir einen Wandteppich kaufen und fragte den Händler nach dem Preis – der, natürlich ganz seriös, holte einen Scanner aus dem Kaftan, fuhr damit übers Teppichmuster und sagte: »Tausend Euros.«

»Na ja, das ist ja bisschen teuer.«

»Okay, gib mir vierhundert und deine Frau.«

»Liebling, kommst du mal? Der Herr möchte gern mit dir ein Gespräch zum Thema Gleichberechtigung führen.«

Am Schluss habe ich den Teppich geschenkt bekommen.

In der Videokabine

Nein, spätestens seit der Ibiza-Reise mache ich mir eigentlich kaum noch Hoffnungen, dass das irgendwann noch mal klappt mit mir und den Frauen. In meiner Einsamkeit lasse ich mich ja auch zu vielen Dummheiten hinreißen. Neulich war ich mal bei *Beate Uhse* in einer Videokabine. Ohne Hintergedanken, wohlgemerkt. Da stand »128 Programme«, und ich dachte mir, bei so einer Auswahl läuft sicher auch irgendwo ein Film von Visconti. Dachte ich wirklich, irgendein trauriges Drama ist bestimmt dabei, der vorige Besucher hatte nämlich seine vollgeheulten Taschentücher auf dem Boden liegengelassen …

Habe ich mich da reingesetzt, alles durchgezappt, und was soll ich sagen? Nichts! Nicht mal Nachrichten – aber allein, das rauszufinden, hat schon zwanzig Euro gekostet.

Bei einem Film bin ich dann doch hängengeblieben. Der hatte einen unglaublichen Titel: »Autohaus Kolbenrein«. Der Film fing an mit einer Frau, einer gewissen Helen. Diese Helen liest ein Buch. Also lesen ist vielleicht etwas übertrieben, sie blättert so drin rum: zehn Sekunden, zwanzig Sekunden – als Zuschauer ahnt man schon, das kann so nicht auf Dauer weitergehen. Und genau an dem Punkt, als der Film droht, ins Intellektuelle abzurutschen, beschließt sie zu duschen. Dann klingelt es. Nur mit einem Waschlappen bekleidet, öffnet Helen die Tür. Draußen steht Ron, der Mechaniker vom Autohaus Kolbenrein. Der wollte mal kurz vorbeikommen, um mit ihr ein Zündkerzenproblem zu besprechen. »Hi, komm rein«, bittet Helen ihn. Er merkt natürlich gleich, dass da was gehen könnte, und fängt subtil an zu flirten:

»Du bist geil!«

»Oooh, findest du?«

Sie fängt an, sein Hemd aufzuknöpfen, und so weiter, und so weiter, als plötzlich die Wohnzimmertür aufgeht, und es kommt die asiatische Sekretärin vom Autohaus Kolbenrein rein, namens Vanessa, mit Kugelschreiber und Stenoblock – allerdings unterrum nichts. Gut, das habe ich jetzt persönlich in meinem Autohaus so noch nicht erlebt, aber ich bin ja auch bei Audi ... Ich frage mich, warum jemand ohne Hose ein wildfremdes Wohnzimmer betritt, aber wahrscheinlich hat sie ihre Hose in der Hektik vergessen. Vanessa schlägt vor, darauf anzustoßen, dass sie zu dritt sind, woraufhin Helen den Champagner holt. Und dann sagt der Mechaniker den unglaublichsten Satz, den man sich vorstellen kann: »Ja, lasst uns feiern, in meiner Hose ist gerade Richtfest!«

Sinn der Ehe

Wissen Sie, ich möchte zwar jemand kennenlernen, aber wie ich ja bereits andeutete, heiraten nicht wieder so schnell. Ich bin mir auch überhaupt nicht mehr sicher, ob der Bund fürs Leben noch in unsere Zeit passt. Ein Freund von mir ist Juwelier, der macht zum Beispiel ein Riesengeschäft mit verstellbaren Verlobungsringen.

Früher war das ja mal ganz anders. Wenn Leute im Mittelalter geheiratet haben, konnten die super gelassen sein, weil die Lebenserwartung sowieso nur bei dreißig Jahren lag. Und außerdem, worüber sollten sich Mann und Frau im Mittelalter streiten? Keine Fernseher, keine Parkplätze, keine Klobrille – das Einzige, wo eine Frau an ihrem Mann mal rumnörgeln konnte, war: »Du, wenn wir heute Abend zu der Einweihung von dieser neuen Kathedrale gehen, putzt du aber bitte mal deine Rüstung vorher.«

Früher haben Beziehungen Konflikte ja auch ausgehalten, weil die Frau durch die wirtschaftliche Abhängigkeit im Zweifel immer nachgeben musste. Das muss eine super Zeit gewesen sein. Das reichte ja bis in die jüngste Vergangenheit. Wenn mein Opa zum Beispiel früher Blähungen hatte, dann hat er meine Oma auf den Balkon geschickt. Heute dürfen Sie dazu nicht mal als Mann auf den Balkon, weil Frauen ja grundsätzlich der Meinung sind, das könnte man unterdrücken. Und das Irre daran ist: Sie können das ja auch tatsächlich. Das wird mir ein ewiges Rätsel bleiben, warum man von Frauen diesbezüglich akustisch nie was vernimmt. Ich habe noch keine gehört. Aber sehen Sie, genau deswegen, weil Frauen das nicht tun, deswegen haben sie auch immer Migräne, weil ihnen von unten die unterdrückten Dämpfe ins Hirn steigen.

Schüleraustausch

Ich weiß ja jetzt nicht, wo Sie so leben, ob in einer Metropole oder in den umliegenden Weilern, aber Sie wissen ja, was ich meine. Dieses Leben in so einem kleinen verkackten Dorf, das ist ja schon hart. Totale Sozialkontrolle. Jeder redet über jeden, jeder beobachtet auch jeden. Wenn man bei uns früher durch die Straße ging, hat sich immer am Fenster darüber der Vorhang bewegt. Das war wie so eine La-Ola-Welle, die durch die Häuserfront lief. Das ist bis heute so. Sie können an den Vorhangbewegungen erkennen, wo auf der Straße sich ein Passant befindet.

Was ich ja auch irre finde, Sie treffen in so kleinen schwäbischen Dörfern keine Intelligenz an. Was Sie dort höchstens treffen, ist Bauernschläue. Das will ich aber nicht schlecht machen, das kann auch sehr putzig sein. Ich kann mich an eine Geschichte erinnern, da war ich zwölf, da hab ich auf dem Hof gespielt, und da hat mich ein Spinne gebissen. Ich also: »Auauaua.« Dann kam die Bäuerin raus mit Insektensalbe. Aber ich war gerade auf das Gymnasium gekommen und meinte so ein bisschen arrogant: »Sorry, die Salbe können wir nicht nehmen, weil Spinnen sind keine Insekten, denn sie haben acht Beine und nicht sechs.« Und was macht die Bäuerin? Die nimmt die Spinne, reißt ihr zwei Beine raus … Und was soll ich sagen, die Salbe hat geholfen.

Nein, für mich war das Problem, dass ich halt mit anderen Kulturen auch gar nicht so richtig in Kontakt kam. Nicht mal mit denen aus dem Nachbarort. Und deswegen war es natürlich für mich ein richtiger Kulturschock, als dann in der achten Klasse mein erster Schüleraustausch anstand – mit Frankreich auch noch. Zu uns kam: Jean-Claude Leroy aus Reims. Oder wie mein Vater sagte: »Schang Klaude aus Reims.« Unser erstes Problem war, wo sollte der Jean-Claude schlafen? Wir lebten ja extrem beengt. Mein Zimmer zum Beispiel war so klein, da ging die Tür vom Kleiderschrank nur nach innen auf. Wir haben kurz überlegt: Kommt er in den Kartoffelkeller oder auf den Dachboden? Zum Schluss schlief er dann bei meinen Eltern in der Bettritze. Das zweite Problem war, dass ich zu der Zeit in Französisch noch eine absolute Niete war. Alles was ich an Vokabular konnte, war: Trottoir, Bouillon und Mon Chéri. Also Konversation ging überhaupt nicht. Ich weiß noch, bevor der kam, habe ich mich ja fast verrückt gemacht. Was sage ich dem bloß? Dann kam er an, und ich begrüßte ihn mit den Worten: »Hello, my name is Stephan, let's speak english.« Und er: »D'accord, 'auptsache not German.« Und dann stellte sich raus, er kommt aus einer Familie, die ziemlich was gegen Deutsche hat. Der brachte auch kein Gastgeschenk mit, sondern einen Brief von seinem Großvater. Da stand drin, dass die Reparationszahlungen noch nicht beglichen sind. Meine Eltern waren da ziemlich entsetzt, denn da war noch ein Überweisungsträger dabei über 800 Milliarden Mark plus Zinsen seit 1919.

Aber ich mochte den Jean-Claude ganz gern, durch ihn habe ich ein bisschen das Leben gelernt. Allein, wie der auf seine französische Art die Mädchen angebaggert hat. Wir waren mal in einer Schülerdisco, ich stand da so in der Ecke und er ist einfach zu einer hin. »'Allo, willst du tanzen?« Lautete die Antwort »nein«, hatte er sie, wo er sie haben wollte: »Also bist du auch nur zum Knutschen hier.« Und zack, ging's los. Der hätte alle haben können, das einzige Problem war, zum Schluss musste er immer fragen: »Gehen wir zu dir oder zu den Bauers in die Bettritze?«

Arme Kindheit

Ich komm ja aus einer sehr armen Familie. Wir waren so arm. In meiner Buchstabensuppe schwamm immer nur ein Buchstabe. Der I-Punkt. Wir konnten uns nix leisten. Zu meinem zehnten Geburtstag wollte ich so gern ein neues Fahrrad haben, aber es ging dann nicht. Ich hab dann wirklich für das Fahrrad gebetet. Und irgendwann fiel mir ein, ich bin ja katholisch, das ist ja gar nicht der richtige Weg. Ich hab dann eins gestohlen und bin zur Beichte.

Wobei ich im Nachhinein festgestellt hab, es war bei meinen Eltern gar nicht so sehr Armut, es war eher Geiz. Mein Vater hat überall gespart. Wissen Sie, wie wir den zweiten Advent gefeiert haben? Mit einer Kerze vor dem Spiegel! Die ganze Weihnachtszeit war schlimm, vor allen Dingen Heiligabend. Ich werde es nie vergessen: Ich, mit meiner Schwester im Wohnzimmer, warte auf die Bescherung. Dann fällt draußen ein Schuss, kam mein Vater rein und sagte: »Es tut mir leid, aber der Weihnachtsmann hat Selbstmord begangen.«

Und das Schlimmste war Telefonieren vom elterlichen Apparat. Jedes Mal, wenn ich angerufen hab, kam mein Vater immer rein deutete auf seine Armbanduhr. Das Telefon stand bei uns auch ganz ungemütlich im kalten Flur neben dem Klo, damit man's da ja nicht lange aushält. Und wenn ich trotzdem mal länger als zehn Minuten telefonierte, nahm sich mein Vater die Zeitung und ging auf die Toilette. Und jetzt telefonieren sie mal mit ihrer angebeteten Mitschülerin und im Hintergrund nur Furzgeräusche ...

Wissen Sie, ich nehm das meinem Vater nicht übel, er kann nichts dafür. Er ist von seinem Vater auch so erzogen worden. Mein Opa hat meinem Vater auf dem Sterbebett seine Armbanduhr verkauft.

Aber, es ist bei mir bis heute ein Trauma geblieben. Und eine der Folgen ist, dass mich reiche Leute bis heute total faszinieren.

Ich hab mal nach einem Auftritt ein reiches älteres Ehepaar kennengelernt, die haben mich zu sich nach Hause eingeladen. Die wollten, dass ich da einen Auftritt mache. Das Ambiente war unglaublich: schmiedeeisernes Tor mit Familienwappen (der Nerz), Riesenpark, dann kommen Sie in die Villa rein: Aufzug mit Musik – 'ne vierköpfige Jazzband. Klopapier aus Blattgold, Fernsehzeitschrift in Schweinsleder gebunden … Wahnsinn.

Und ich hab den Mann dann gefragt, wie sie zu diesem Reichtum gekommen sind. Und was der erzählt hat, hat mir echt Mut gemacht. Er meinte: »Ich hab ganz klein angefangen. Ich habe nach dem Krieg beim Bauern einen Apfel gekauft für einen Pfennig. Den hab ich dann den ganzen Tag poliert und ihn für zwei Pfennig wieder verkauft. Und für die zwei Pfennig hab ich dann wieder zwei Äpfel gekauft. So hab ich dann immer weiter gemacht und irgendwann hatte ich 3,50 Mark zusammen.« Ich: »Und dann?« »Ja, dann ist der Vater meiner Frau gestorben und wir haben 50 Millionen geerbt.«

Da war ich dann doch bedient, denn ich erb ja später mal nix. Das find ich sehr ungerecht. In Deutschland werden jedes Jahr über 100 Milliarden Euro vererbt. Im Durchschnitt bekommt jeder Deutsche im Jahr 14.000 Euro pro Jahr. Statistisch gesehen, bin ich sozusagen der ärmste Schlucker im ganzen Land. Ich hab immer das Gefühl, dass da draußen jemand für mich miterbt. Was heißt »da draußen«? Wahrscheinlich liest derjenige gerade dieses Buch.

Und wissen Sie, was das Ungerechteste am Erbrecht ist? Wenn ich jetzt vor meinen Eltern sterbe … Angenommen, ich würde zum Beispiel verhungern, weil das Publikum nicht klatscht. Raten Sie mal, wer mein bisschen Zeug kriegt? – Geht alles an meine

Eltern! Vererbt wird immer über Geburt. Das beschäftigt mich dermaßen. Neulich wollte ich mir eine elektrische Parmesanreibe kaufen, hab es aber gelassen, weil ich nicht wollte, dass meine Mutter irgendwann damit angibt. Die sitzt dann beim Kaffeekränzchen mit den Nachbarinnen und sagt: »Schaut mal, die hab ich von meinem verhungerten Sohn!« Mich hat das so beschäftigt, dass ich das meiner Mutter sogar erzählt habe. Ich sagte dann zu ihr: »Ich weiß, das würdest du niemals machen!« Und sie: »Jetzt stirb erst mal.«

Zivildienst

Und dann kam mein Zivildienst. Und der Zivildienst, meine Damen und Herren, das war ein echter Härtetest für mich. Ich kann mich noch genau an meine Gewissensprüfung erinnern, zum Beispiel. Da wurde ich gefragt: »Vor Ihnen steht der Russe und will Ihre Freundin erschießen, was tun Sie?« »Nix! Ich wollte mit der eh gerade Schluss machen.«

Mein Zivildienst war anstrengend, im Seniorenstift St. Vincent auf der Pflegestation. Ich glaub, das war mit die schlimmste Zeit in meinem Leben. Für mich war da jeder Tag *The Day After* – der Tag am Arsch. So einen Tag, das können Sie sich überhaupt nicht vorstellen. Jeden Morgen haben die Leute um sechs Uhr Stuhlgang, das wäre nicht das Problem, nur wachen sie immer erst um acht Uhr auf.

Der einzige Trost war für mich, dass einem diese alten Menschen wirklich unheimlich viel Dankbarkeit entgegenbringen. Ich habe zum Beispiel vier Wochen lang eine ältere Frau gepflegt, die schenkte mir zum Schluss ihr Sparbuch mit 25 Millionen Mark drauf. Na gut, es war von 1923. Aber man muss auch sagen, ich habe mich wirklich so gut, wie es ging, um sie gekümmert. Habe ihr Comics vorgelesen und Singlepartys organisiert. Und jeden Mittag habe ich mit unseren Alzheimerkranken Memory gespielt – mit einer Karte geht das.

Allerdings gab es dann so den Punkt nach ein paar Monaten, wo ich gesagt habe: »Leute, ich packe das einfach nicht mehr, ich kann einfach nicht mehr. Dauernd mit diesen vielen alten Menschen, die hier so teilnahmslos dahinvegetieren und nichts anderes tun als im Auftrag der Verwandten aufs Abnippeln zu warten.« Dafür hatte aber kein Mensch Verständnis – im Gegenteil. Zur Strafe haben sie mich versetzt in die Gehörlosenseelsorge, Abteilung Telefonbetreuung.

Ich glaube, das größte Problem während meines Zivildienstes war, dass man als junger Mensch ja vorher noch nie mit dem Tod konfrontiert worden war. Gut, als ich zehn war, ist mein Hamster gestorben, aber sonst ... Wobei, ich will das jetzt nicht runterspielen, das hat mich auch ziemlich mitgenommen. Das war der Flausi. Gott, war der süß. Wir haben immer so toll miteinander gespielt. Verstecken. Ich versteckte ihn und meine Schwester musste ihn suchen. Meistens hat sie ihn gleich gefunden, weil er dann immer so angekrabbelt kam. Und das hat mir irrsinnig gestunken und deshalb habe ich ihn dann mal im Gefrierfach versteckt ... Aber die sind da irre robust. Und eines Tages war er plötzlich weg, spurlos verschwunden. Ich habe das nach dem Staubsaugen gemerkt. Kennen Sie das Geräusch, wenn 4.800 Watt einen Hamster aufsaugen? Sehen Sie, ich kannte das auch nicht. Aber ich habe ihn dann würdig bestattet, ihn in eine Damenbinde eingewickelt, in eine leere Mon Chéri-Schachtel gesteckt und bei 250 Grad im Backofen eingeäschert.

Warum meine Eltern sind, wie sie sind

Mein Vater hat sich kaum mit mir beschäftigt, immer nur Zeitung gelesen. Ich hab so oft am Wochenende gesagt: »Papa ich würde gern mal in den Zoo.« Und er meinte: »Wenn Sie dich wollen, dann werden sie dich schon holen.« »Gut, dann lass uns halt was anderes machen, keine Ahnung, Wasserski laufen.« Hat er geantwortet: »Junge, wo willste das denn machen? Hier gibt es doch gar keinen abschüssigen See!«

Und für die Entwicklung der Männlichkeit ist das ja ganz verheerend. Gerade als Junge wollen Sie ja einen verwegenen Kerl als Vater, so einen Cowboy. In meinem Vater steckt so viel Cowboy wie in Guido Westerwelle. Der hat mal auf dem Jahrmarkt die Polizei gerufen, weil er beim Autoscooter mit jemand anderem zusammengestoßen ist.

Damals hab ich drunter gelitten, heute frag ich mich natürlich, warum mein Vater so geworden ist. Ich glaube, das liegt daran, weil er von seinem Vater auch so erzogen wurde. Mein Opa war ein schlimmer Mensch, der hat sich für nichts und für niemanden interessiert – außer fürs Wildern. Jeden Tag am Martinstag ist er losgezogen mit dem Gewehr und hat auf die Gänse geschossen. Da brach an der Tiefkühltheke im Supermarkt jedes Mal Panik aus. Und gesoffen hat er und mit anderen Frauen rumgemacht. Und trotzdem hat meine Oma ihm acht Kinder geschenkt – wahrscheinlich, um in der Menge unterzutauchen.

So war das damals. Wenn man sich damals für 'ne Ehe entschieden hat, dann hat man das auch durchgezogen. Heute führt ja jeder kleine Ärger sofort zur Trennung.

Damals blieb man auf Teufel komm raus zusammen. Das kann man ja noch bis in die Generation meiner Eltern sehen. Meine

Eltern führen ja seit Jahrzehnten einen Kleinkrieg, aber die Beziehung funktioniert. Kürzlich meine Mutter zu meinem Vater: »Was wünscht du dir zum Geburtstag?« Er: »Sex!«. Sie: »Nicht so was Unrealistisches!« »Okay, 'ne Krawatte.« Meine Mutter hat jetzt meinem Vater mit siebzig Jahren zum Beispiel noch das Nägelkauen abgewöhnt. Hat einfach sein Gebiss versteckt.

Ich glaub halt, meine Eltern haben sich nie richtig geliebt. Das ist ja für ein Kind ein Problem, denn da begreifen Sie Ihre eigene Existenz nicht. Solange ich vom Storch gebracht wurde, war alles okay. Aber als es dann in der Schule hieß, dass die Samenzelle des Mannes zur Eizelle der Frau muss, hab ich wochenlang gegrübelt, wie das Sperma bei meinen Eltern die Bettritze überwindet. Hab an Bravo geschrieben: »Lieber Dr. Sommer. Ist es möglich, dass Spermien durch die Schlafanzughose diffundieren und dann von der Bettdeckenbewegung auf dem Luftweg übertragen werden? Ansonsten muss ich davon ausgehen, dass es sich bei mir um Jesus handelt.«

Das war jetzt übertrieben. Ich hab natürlich wie alle Kinder meine Eltern ertappt. Da hörte ich nachts so Geräusche, bin ins Schlafzimmer und sagte: »Stephan will auch Dampflokomotive auf Mama spielen.« Meine Mutter: »Raus!« So ist meine Schwester entstanden. Weil mein Vater dachte, mit »raus« wär ich gemeint gewesen.

Kinderwunsch

Und aus all dem, was ich Ihnen bisher erzählt habe, folgt natürlich zwangsläufig, dass ich selber gerne irgendwann mal Kinder hätte. Einfach, um denen genau das zu geben, was meine Eltern mir nie gegeben haben, dieses Gefühl: »Du bist toll.« Ich muss ja auch ehrlich sagen, ich hätte in meiner Ehe wahnsinnig gerne Kinder gehabt. Aber meine Frau wollte leider keine. Gut, ich verstehe das insofern, als sie Lehrerin ist. Sie wollte dieses dumme Gesocks nicht auch noch zu Hause haben. Das waren ihre eigenen Worte! Nicht etwa meine. Ich teile ja diese Meinung überhaupt nicht, dass alle Kinder dumm sind. Man muss doch sagen, es gibt auch wirklich kluge deutsche Schüler. Ich weiß nicht, ob Sie das gelesen haben, bayerische Erstklässler zum Beispiel korrigieren inzwischen Abitursaufsätze aus Bremen. Oder eine andere Anekdote: Vor einiger Zeit war ich als Begleitperson mit dem Geschichtskurs meines Neffen auf Studienfahrt im Haus der Anne Frank. Fing der Lehrer so an zu erzählen, Anne Frank sei ja im Dritten Reich verfolgt worden, hätte sich oft verstecken müssen, aber schließlich hätten sie die Nazis doch hier gefunden. Meldete sich mein Neffe: »Ja, ist ja auch kein Wunder, draußen steht doch ein Riesen-Schild: Haus der Anne Frank.«

Gut, es ist jedem seine eigene Entscheidung mit den Kindern, nur mir tun halt dann immer auch die potentiellen Großeltern so leid. Ich kenne ein älteres Ehepaar, die sind um die fünfundsechzig und haben immer noch Sex, weil sie unbedingt Enkel wollen. Sie finden, fünfundsechzig wäre die ideale Zeit für Kinder, schließlich müssen sie sowieso zehnmal in der Nacht aufstehen. Und den jüngeren Paaren, die sich im Prinzip schon mit dem Gedanken tragen, Kinder in die Welt zu setzen, kann ich nur raten, damit nicht allzu lange zu warten. Gerade den Frauen will ich das sagen: schwanger werden ist doch toll! Überlegen Sie mal. Neues Leben zu schaffen mit Dingen, die man im Haushalt hat. Für Männer gilt das Gleiche. Dieses Konzept, erst mal zwanzig Jahre lang Karriere machen, um dann mit fünfzig noch schnell 'ne Familie zusammenpoppen, das funktioniert doch nicht. Sie müssen bedenken, durch den beruflichen Stress geht ja die Fruchtbarkeit auch immer weiter zurück. Da helfen am Schluss nur noch diese ganzen Verzweiflungstaten: Spermiogramm, Samenbeschleunigung und so weiter. Da gehen die Männer dann mit dem ganzen Geld, was sie vorher verdient haben, in irgendwelche Spezialkliniken und hoffen, dass sich aus der abgestandenen Brühe doch noch irgendwie so ein Benjamin isolieren lässt. Nur ich sage Ihnen gleich, bei diesen ausgebrannten Workoholics ist in der Samenflüssigkeit in der Regel nichts mehr los. Das sieht man unterm Mikroskop ganz ausgezeichnet, da schwimmen die Spermien alle mit dem Bauch nach oben.

Gut, wenn man genug Geld hat, löst man das durch Nobelpreisträgersamen. Nur finde ich das auch irgendwie grotesk. Da stellen Sie sich nur mal diesen Vorgang vor: Da wird so ein hochintelligenter Nobelpreisträger mit einem Reagenzglas und einem Pornoheft in einen leeren Raum gesetzt, und dann muss er dort genau das machen, wovon man ihm früher als Kind immer sagte: »Da wirst du blöd von.«

Ich tröste mich halt immer damit, dass ich der Verantwortung, die ein Kind mit sich gebracht hätte, wahrscheinlich gar nicht gewachsen gewesen wäre. Ich hätte nicht mal gewusst, wie ich es richtig erziehen soll. Antiautoritär oder den ganzen Tag mit Haue? In meiner Straße wohnen so alternative Sozialpädagogen, die erziehen ihre Kinder überhaupt gar nicht. Mit Ergebnissen wie dem folgenden Gespräch, das ich einmal mit einer Frau im fünften

Monat führte: »Was wird es denn, ein Junge oder ein Mädchen?«
»Das soll es später mal selbst entscheiden.«

Andererseits hat wahrscheinlich eine autoritäre Erziehung mit dauernder Bestrafung auch keinen Sinn – eine Woche Hausarrest zum Beispiel bringt doch heutzutage gar nichts mehr: Die Kinder haben in ihrem Zimmer alles, Fernseher, Computer, Stereoanlage, eigenes Telefon. Wenn ich die bestrafen wollte, müsste ich sie in mein eigenes Zimmer schicken.

Frauen sind klüger als Männer

Frauen sind Männern zunehmend überlegen. In keinem Bereich ist das so deutlich wie in der Bildung. Wussten Sie, dass fünfundsiebzig Prozent aller Bücher inzwischen von Frauen gelesen werden? Und das Irre ist, sie können den Inhalt auch wiedergeben. Wenn Sie einen Mann fragen: »Wie war das Buch?« – Antwort: »Am Schluss sind alle tot.« – »Und wie ist es am Anfang?« – »Keine Ahnung, da bin noch ich nicht.«

Was Männer allerdings können, gerade in der Bildung, ist unheimlich gut den Schein wahren. Ein Freund von mir hat im Wohnzimmer ein Riesenregal mit den Werken von Goethe, Dickens, Dostojewski. Er hat aber auch ein Buch zum Lesen: die Betriebsanleitung für Word for Windows. Für Männer sind Lesen und überhaupt Kunst und Kultur nur dann interessant, wenn sie was mit Statussymbolen zu tun haben. In meiner Nachbarschaft wohnt ein älterer Herr, der hat im ganzen Haus supertolle Stilmöbel. Aber wenn Sie den fragen, aus welcher Epoche die sind, sagt der: »Aus der ersten Ehe.«

Fragen Sie heute mal Männer nach den Klassikern aus der Literatur oder Opernwelt. Othello, für die meisten ist das der kleine Bruder von Nutella! Außer für meinen Vater, der hat beim Durchzappen mal 'nen Opernausschnitt im Fernsehen gesehen und für den ist Othello der Vorfahre von Roberto Blanco! Ich sag meinem Vater immer: »Mensch, lies doch mal was.« Und er ist jetzt tatsächlich mal in die Bibliothek gegangen, und da fuhr es aus ihm heraus »Ich hätte gern ein Buch.« – »Was Leichtes oder Schweres?« – Und mein Vater: »Egal, ich hab das Auto dabei.«

Ich muss mein Leben ändern

Das ist kein leichter Job, den ich da mache. Jeden Tag dasselbe: jeden Tag in einer anderen Stadt, jeden Tag ein neues Publikum, jeden Tag tolle Leute kennenlernen, jeden Tag einen Kofferraum voll Geld nach Hause fahren. Schlimm. Und weil der Kofferraum von meinem Lamborghini so klein ist, muss ich auch noch jeden Tag zweimal fahren.

Ich möchte endlich mal Sachen machen, die mich als ganzen Mann fordern: Stechuhren abstechen oder Verwaltungsakte. Auf die Grundfragen des Lebens zurückgeworfen werden: In der Kantine die Wahl haben zwischen Kohlrouladen, Wollwürsten und Schweinehacksteak Hawaii.

Ich habe diese Träumereien mal einem Besoffenen in der Kneipe erzählt, der arbeitete im Katasteramt. Er hat mir einen Tausch vorgeschlagen: Ich mache eine Woche lang seinen Job und er meinen. Das war super bei den Katasterianern. Da muss man nicht dauernd lustig sein und wird ausgebuht. Gleich am ersten Tag klare Anweisung, vierzig Leitzordner zu kopieren auf einem Kopierer aus dem Pleistozän der Bürotechnik – ohne Einzug! Um 14 Uhr die zweite Anweisung, dass ich die Kopien nach Dienstvorschrift 146.32/za sofort vernichten muss. Das ist Abenteuer. Aber der Typ hat natürlich seinen Platz nicht kampflos geräumt, deshalb steh ich wieder allabendlich auf der Bühne.

Heirate nie eine Öko-Frau

Als Verbraucher sind wir konsequent. Da kaufen wir das Beste, was es gibt, was mindestens zehn Jahre hält und dann noch Händlergarantie hat. Aber bei Beziehungen, da tun wir uns oft aus Verzweiflung mit Menschen zusammen, von denen wir wissen: Die sind a) gebraucht und b) man kann sie nicht umtauschen.

Wenn ich mich in meinem Bekanntenkreis umschaue, hab ich oft das Gefühl, der Qualitätsaspekt des Partners spielt oft gar keine Rolle, da geht es nur ums »Haben«. Da gibt es dann Frauen, die sind schön, aber total zickig, andere sind nicht so schön, aber können trotzdem nicht kochen. Ich fände es sehr hilfreich, wenn sich da mal die Stiftung Warentest einschalten würde. Man kommt in ein Café: Da sitzt eine angenehme Erscheinung und auf der Kleidung ist so ein Button, auf dem steht »gut«. Da ist dann alles gecheckt, Umgangsformen, geregeltes Einkommen, humanistische Grundbildung. Oft werden wir ja durch ein attraktives Äußeres angelockt und wenn diese Person den Mund aufmacht, denken Sie: Jede Gemeinsamkeit mit der deutschen Sprache beruht auf reinem Zufall.

Ich fände solche Tests umso wichtiger, weil einer meiner besten Freunde auch jahrelang nie die Frauen bekommen hat, die er haben wollte. Der hat jetzt aus purer Verzweiflung so eine Öko-Schlampe geheiratet. Eine Frau, die Wasseradern riechen kann. Stiftung Warentest-Urteil eindeutig: »nicht empfehlenswert«.

Und ich bin schockiert, wie es diese Wickelrockschlunze es geschafft hat, ihren Mann in kürzester Zeit ideologisch umzupolen. Die lebt in so einem anthroposophischen Eurythmie-Paralleluniversum. Als ich mich da vorgestellt hab, wollte sie, dass ich mich in Form des Anfangsbuchstabens meines Vornamen auf den Boden lege.

Sie ist natürlich auch ganz groß in Naturheilkunde. So eine, von der man später sagen wird: die große alte Dame der Eigenurintherapie. Ich hab nix gegen Naturheilkunde. Wenn ich müde Füße hab, mach ich mir zum Beispiel immer einen Wickel mit püriertem Gurkenfleisch. Ich nehm einfach einen Socken, da kommt Gurke rein, Honig und Tomatenmark. Damit geh ich zum Fenster und werf das einem Straßenmusiker auf den Kopf. Und meine Freude darüber ist so groß, dass ich meine müden Füße für eine Stunde vergesse.

Aber richtig Stress kriegen wir, wenn die Frau meines Jugendfreundes meine Ernährungsgewohnheiten angreift. Sie ist natürlich Vegetarierin. Und fragt: »Was tust du denn für die Umwelt?« Ich weiß gar nicht, ob Vegetarier wirklich so viel für die Umwelt tun. In meiner Wahrnehmung essen sie die Umwelt. Wobei, Vegetarier kann man auch super ärgern. Ich hab ihr zum Geburtstag zum Beispiel eine fleischfressende Pflanze geschenkt. Hat super geklappt.

Was mich überrascht: Vegetarier behaupten ja immer, sie hätten Spaß. Aber die feiern ja auch Grillpartys mit Gemüse und ohne Alkohol. Die haben ein Bio-Oktoberfest gemacht und mit welchen Worten haben sie es eröffnet? »O-Saft is'!«

Es geht ihnen darum, Weltanschauungen zu transportieren. Als sie geheiratet haben, wollten sie zum Beispiel allen Ernstes, dass man das Paar mit ungeschältem Vollkornreis bewirft. Wo soll ich denn sowas hernehmen. Ich hab dann mit Tofuwürfeln geschmissen.

Aber die Hochzeit hatte einen Superhöhepunkt, den ich nie vergessen werde. Irgendwann nachts um eins ging der Ehemann rum: »Sagt mal, hat jemand meine Frau gesehen?«

Ich geb zu, das klingt ganz rührend, nur war sie zu diesem Zeitpunkt schon seit acht Stunden weg. Und dann stellte sich raus, dass zwei Senegalesen aus ihrem Trommelkurs die Sache mit der Brautentführung wohl etwas zu wörtlich genommen hatten. Die forderten jetzt zwanzig Kamele Lösegeld, ansonsten würden sie die Braut auf dem Sklavenmarkt in Dschallalabad meistbietend verkaufen. Ich an seiner Stelle hätte sofort zugegriffen.

Ich hab sooo viel Verständnis

Ich bin nicht so der Männertyp, der laut rumgrölt, Bier säuft, Pornos guckt und dabei einen zwölfsekündigen Furz lässt, der vier Mal die Tonart wechselt und den Hund dazu nötigt, den Raum zu verlassen. Ich bin mehr der kuschelige Typ. Ich bin einfühlsam. Ich sag zum Beispiel nie: Verhütung ist Frauensache. Es gibt ja Männer, die trauen sich nicht, in die Apotheke zu gehen und Kondome zu kaufen. Was soll daran peinlich sein? Peinlich ist, wenn man sie irgendwann ungebraucht wegschmeißt, weil sie abgelaufen sind. Viele Männer wollen das nicht, weil sie sagen, sie haben kein Gefühl. Aber: Sie müssen natürlich die richtigen nehmen. Weil, es gibt ja nicht nur sensitive Kondome, sondern auch supersensitive. Die sind total einfühlsam. Die liegen nach dem Sex neben der Frau und reden mit ihr.

Party mit denen vom Gesichtsbuch (Facebook)

Ich hab eine junge Frau kennengelernt. Klingt erst mal gut, aber kulturell trennen uns Welten. Sie sagt immer, ich soll mit auf eine Party kommen. Nur, da komm ich mir so verloren vor. Die kennen sich ja alle untereinander über Facebook. Selbst wenn die sich noch nie gesehen haben, wissen die alles über sich. Beruf, Beziehungsstatus, Konsistenz des letzten Stuhlgangs. Und ich bin da halt nicht. Nicht mehr. Einen ganzen Tag war ich bei Facebook, bis mir irgendwer schrieb: »Hallo, du hast ein interessantes Profil.« Was soll das? So reden Autoreifen miteinander! Ich hab 1987 noch gegen die Volkszählung demonstriert, weil ich nicht wollte, dass irgendwer über mich Bescheid weiß. Ich hätte mir nie träumen lassen, dass die Menschen mal freiwillig alles von sich preisgeben.

Und weil von mir niemand was weiß, gibt es dann auch Verständigungsprobleme. Mich hat letzten Sommer so eine hohle Nuss angesprochen: »Was machst du in den Ferien?« Und ich: »Da vegetier vor mich hin.« Antwort: »Aha, interessant. Und seit wann isst Du kein Fleisch mehr? Ich fahr ja in den Ferien mit meiner Freundin drei Tage nach Paris.« Und ich meinte: »Das ist ja toll.« Schreibt sie: »Ja, ins Disney World. Wenn man schon in so einer großen Stadt ist, will man ja auch Kultur sehen.«

Außerdem: Auf Partys spricht sich immer irgendwann rum, was ich beruflich mach. Spätestens um elf kommt dann irgendwer an: »Ah, du bist Comedian, erzähl doch mal 'nen Witz.« Und ich erzähl dann immer meinen Lieblingswitz: »Da sitzen drei Blinde beim Pokern, sagt der eine: Ich will sehen ...«

Für mich ist das der beste Witz der Welt, aber da lacht nie jemand. Wenn ich auf einer Party Erfolg haben will, muss ich das Niveau deutlich absenken.

Zum Beispiel so: »Zwei Haufen Kacke sitzen in der Ecke und rauchen einen Joint. Kommt der Durchfall dazu und sagt, lass mich auch mal ziehen. Dann sagen die zwei: Nee, das ist nur was für Harte.«

Und dann sind wir auf dem Nachhauseweg und meine Freundin pflaumt mich an, dass ich ihren Freunden dummes Zeug erzähl, und seufzt: »Hoffentlich hat niemand bemerkt, dass du nicht betrunken warst.«

Was finden junge Frauen an mir?

Ich hab festgestellt, dass ich bei jungen Frauen wahnsinnig gut ankomme. Ich werde im Supermarkt häufig angesprochen, ob ich ihnen Alkohol kaufe. Junge Frauen sind einfach viel umgänglicher. Die haben nur einen Wunsch: dass man sie schön findet. Ältere wollen dann auch noch, dass man sie mag und ihre Persönlichkeit bewundert. Meine Ex-Frau sagte immer: »Ich möchte, dass du meine innere Schönheit siehst.« Und ich: »Dann lass dich röntgen.«

Was glauben Sie, was ich mir wegen einer jüngeren Partnerin anhören musste. Dabei gibt es diese Konstellation total oft. Joschka Fischer hat eine junge Frau, Franz Müntefering auch, selbst Reiner Calmund. Seine Frau ist 21 Jahre jünger. Okay, das ist eine ganz Spezielle. Wenn Frauen sich zu sehr korpulenten Männern hingezogen fühlen, spricht man von Geodomie. Das ist der Hang zu Sex mit Landschaften.

Wenn man jetzt nach den Motiven fragt, warum Frauen ältere Männer bevorzugen, kommt immer das Argument: das Geld. Ohne mir jetzt zu nahe zu treten, das kann es bei mir nicht sein. Ich hab eine Scheidung und sechs Jahre Singleleben hinter mir. Ich muss mich sehr einschränken, allein schon bei der Körperpflege, da nehm ich ein ganz einfaches Parfum, das heißt Tester. Und ich fahr ein altes Auto, eine richtige Schrottkarre. Damit stand ich neulich nach dem Tanken bei Esso an der Kasse und sag: »Der Rote da hinten für 65 Euro.« Und der Typ guckt sich den so durchs Fenster an und sagt: »Für 60 würde ich ihn nehmen.«

Wenn Sie sich mit Psychologen unterhalten, sagen die ja oft, junge Frauen suchen sich einen älteren Mann, weil jede Frau tief innen das Bedürfnis hat, beschützt zu werden. Und da konnte ich

Jenny wirklich helfen. Sie hatte, als wir uns kennenlernten, total Angst vorm Dunkeln. Aber nachdem sie mich das erste Mal nackt gesehen hat, hat sie Angst vorm Licht.

Der andere Punkt, der für mich spricht: Ich bin Künstler. Künstler haben ja immer diesen Anstrich des Unkonventionellen. Das mögen Frauen. Viele Kollegen von mir nutzen das schamlos aus und sagen: »Ich geh mit dir bis ans Ende der Welt.« Aber ich sag den Frauen: Einen Mann, der mit euch ans Ende der Welt geht, könnt ihr vergessen – der hat nicht mal ein Auto.

Was sind also die anderen Gründe, warum sich junge Frauen ältere Männer suchen? Die wären so gefestigt, sagen sie dann oft. Ich find das immer problematisch, weil »gefestigt« ist ja eigentlich physisch der erste Schritt Richtung Leichenstarre. Was Frauen aber eigentlich damit meinen, ist, dass Männer genug Erfahrung haben. Auch im Bett. Dass der Mann auch weiß, wo er anfassen muss. Deswegen gibt es ja auch viel weniger muslimische Selbstmordattentäterinnen, weil für Frauen die Vorstellung eines ewigen Lebens mit 72 pubertierenden Jungs, die die Klitoris nicht finden und auch nicht danach suchen, nicht besonders verlockend ist.

Das ist aber ein totales Missverständnis. Ich hab gar nicht so viel Erfahrung. Ich hatte eine Freundin und ich hatte eine Frau. Wenn ich mir da andere Männer in meinem Alter ansehe! Die zahlen Alimente in sieben verschiedenen Währungen. Trotz Euro. Erfahrung hat doch nichts mit Vernunft zu tun.

Einer meiner Freunde ist das beste Beispiel. Der ist fünfzig, voll in der Midlifecrisis und führt sich auf wie ein Achtzehnjähriger. Wenn der fünf, sechs Bier getrunken hat, fährt der immer noch Auto. Und wenn man sagt: Spinnst du, besoffen durch die Gegend zu fahren, meint er: »Ja, irgendwie müssen die Kinder ja in die Schule.« Der schafft es nicht, sein Familienleben und seine individuellen Interessen zusammenzubringen. Der hat glatt seinen fünfzehnjährigen Sohn mit zu unserem Treffen in die Cocktailbar gebracht. Der Sohn bestellt sich grinsend einen Mai Tai mit drei Sorten Rum. Ich zu meinem Kumpel: »Sag mal, spinnst du?« Er: »Keine Angst, der kriegt keinen Mai Tai – wir wollen später ja noch in Ruhe kiffen.«

Hund

Meine neue Partnerin hat einen Hund. Find ich gut. Ich mag Haustiere, außer Katzen. Katzen kann ich nicht ausstehen. Katzen und Hunde sind völlig unterschiedlich. Ein Hund denkt: Mein Herrchen verwöhnt mich, gibt mir zu essen, streichelt mich, mein Herrchen ist Gott. Eine Katze denkt: Mein Herrchen verwöhnt mich, gibt mir zu essen, streichelt mich. Ich bin Gott. Insofern lassen sich Hunde und Katzen ganz leicht voneinander unterscheiden: Katzen sind Arschlöcher, Hunde nicht.

Also im Grunde bin ich pro Hund. Einziges Problem: Sie hat einen Mops. Möpse sind ja ziemlich hässlich. Viele sagen, ein Mops wär eine kackende Nackenrolle auf vier Beinen. Möpse sind ja auch nicht sonderlich intelligent. Das sieht man schon an der eingedatschten Nase. Das kommt daher, weil Möpse immer Autos jagen, die gerade parken. Also haben wir ewig diskutiert, ob der Hund mit einziehen soll oder nicht. Ihr Argument war, der Hund sei total praktisch für den Fall, dass mal Einbrecher kommen. Aber mal ehrlich: Mit einem Mops kann man niemals einen Einbrecher stellen, höchstens den Mops danach werfen.

Wenn eine Frau einen Hund hat, steht der Mann als Partner immer an zweiter Stelle. Beispiel: Der Hund hat jetzt schon mehrmals versucht, mein Bein zu begatten. Wahrscheinlich hat er mich damit laufen sehen und sich gedacht: »Aaahh. Läufig.« Ich schüttel ihn dann immer ab und er jault rum. Dann kommt sie und sagt: »Was hat er wieder Böses mit dir gemacht, Knautschnasenschatz?« Und was kapiert der Hund? Der Bauer steht im Rang unter mir! Das sieht dann im Alltag so aus: Sie wirft den Stock und der Hund wartet, dass ich ihm den hol.

Der Hund wird gehätschelt, gestreichelt, gebürstet und wenn mal die Post nicht klingelt, gibt's als Entschädigung »Leckerlis mit Briefträgerbeingeschmack«. Ihre Freundinnen sind genauso. Wenn die den Hund das erste Mal sehen, fragen die: »Ja, wer bist du denn, mein Süßer?« Was soll ein Hund auf diese Frage antworten? Zu mir dagegen sagen die Freundinnen: »Sind Sie der Küchenmonteur?«

Und ich sag mir, wenn niemand die Erziehung übernimmt, mach ich das.

Aber den Hund kann man gar nicht erziehen. Der ist dafür zu dumm. Als ich den nach drei Stunden soweit hatte, dass er »Sitz« macht, hatte der danach vergessen, wie »Stehen« geht. Außerdem kann man mit dem nicht wirklich üben. Wenn der im Park irgendwas in die Nase kriegt, ist der sofort weg. Dieser Mops ist sexsüchtig! Was der außer meinem Bein schon alles besprungen hat. Wenn ich mit dem unterwegs bin, richten die anderen Hundebesitzer eine Telefonkette ein: »Rammelterminator im Anmarsch, schnell weg!« Aber dem ist das egal, dann sucht er sich eben was anderes. Im Stadtpark hat er inzwischen alle Enten durch. Der Hund würde sogar Trampolin springen, wenn er sich so mit einer Giraffe vergnügen könnte.

Letztens war ich wieder mit ihm im Stadtpark, da hockt ein Schwan am Ufer. Der Mops nimmt Anlauf, springt ab und, um es deutlich zu sagen, locht sofort ein. Der Schwan paddelt los, direkt bis in die Mitte des Teichs und hinten drauf der Mops. Nach fünf Minuten jede Menge Zuschauer am Ufer, Modellschiffe umkreisen den Schwan, ein Kind fragt mich: »Hey du, was macht der Hund da?« Ich sage: » Äh … Der spielt Tretboot mit dem Schwan.« Dann kamen noch zwei vom Ordnungsamt. Was erzählt man denen in so einem Moment? Ich hab gesagt, das wäre eine Probe für eine Neuinszenierung der Bremer Stadtmusikanten. Haben sie aber nicht geglaubt. 40 Euro Bußgeld, weil der Mops den Schwan ohne Gurt gefahren hat.

Letztens im Tanzclub

Kürzlich fragte Jenny mich, ob ich mit zum Tanzen komm. Ich: »Ja, gegen wen?«

Ich kann das nämlich nicht, schon gar nicht so, dass es nach was aussieht. Und zwar ist es bei mir von Natur aus so, dass ich meine Hüfte nur nach vorne und nach hinten bewegen kann. Aber seitlich, da sperrt sich irgendwas. Für Lambada oder Salsa muss ich vorher operiert werden. Außerdem hab ich zwei linke Füße und bisher noch keine Tanzpartnerin gefunden, die zwei rechte hat.

Mal abgesehen davon leide ich bis heute noch an den Folgen meines Tanzschul-Grundkurses. Ich kam sehr spät in die Pubertät und war dadurch sehr klein. Und wenn man im Tanzkurs – als vierzehnjähriger Mann – der kleinste ist, kriegt man als Tanzpartnerin nicht dazu passend die kleinste Frau, sondern die hässlichste. Und die hieß in meinem Fall: Swantje. Zwei Köpfe größer als ich und irrsinnig weit entwickelt. Sie hatte Riesenbrüste. Gut, hatte auch Vorteile, dadurch konnte ich ihr beim Tanzen wenigstens nicht auf die Füße treten.

Ich stand also hilflos vor dieser Riesenfrau und dann kam das erste Kommando vom Tanzlehrer: »Der Mann nimmt den Arm der Dame und stützt mit der rechten Hand das Schulterblatt.« Ich konnte gar nicht um die herum fassen. Und ich hab es, ehrlich gesagt, auch nicht eingesehen, ihr Schulterblatt zu stützen. So ein Schulterblatt hält auch von selbst.

Und jetzt ist es ja beim Tanzen so: Der Mann soll führen. Das finden die Mädchen ganz toll, interpretieren das im Anfängerkurs aber so, dass sie ihr gesamtes Körpergewicht an den Mann dranhängen. Der Tanzlehrer brüllte immer dazwischen: »Herr Bauer, der Mann führt die Dame!« Und ich wollte ja führen, aber sie war einfach stärker. Als die Musik einsetzte, hat die mich einfach geschnappt, meinen Kopf zwischen ihre Brüste geklemmt und dann tanzte sie Walzer und ich Foxtrott. Ich konnte ja nichts hören.

Nur: Der Besuch in einem Club ist ja noch schlimmer. Da tanzt man ja gar nicht nach festen Formen, sondern Freistil. Aber um sowas zu sehen, muss ich doch nicht ausgehen, da kann ich auch Popcorn selber machen.

Dachte ich mir, bevor du dich blamierst, musst du das üben. Zu Hause kann ich das nicht machen, da Mietwohnung, also bin ich in den Stadtpark. Zu Ernas Ententreff. Ich dachte, da fall ich mit dem Gewackel wenigstens nicht auf. Machte da so rum und nach einer Viertelstunde kam ein Erpel und drehte mir sein Hinterteil zu. Der wollte mich als Liebhaber. Und ich dachte, für mein Alter komm ich echt noch gut an.

Das waren eigentlich super Voraussetzungen für den Clubabend. Aber es war grauenhaft. Als Mittdreißiger wird man behandelt wie ein Aussätziger. Das ging schon am Eingang los. Die haben alle Ausweise kontrolliert, außer meinem. Dabei hatte ich mir vorher extra bei H&M eine Hüfthose gekauft.

Die Tanzfläche knallvoll. Ich mit Jenny sofort rein ins Getümmel. Aber wenn man da erst mal drin ist, kommt man nicht mehr raus. Also kann man nur noch tanzen. Und das tat ich. Immer wilder. Nach zwei Stunden meinte Jenny: »Hey, du tanzt für dein Alter echt gut!«Ich sagte: »Sorry, ich muss mal aufs Klo!«

Das war mein Fehler. Wenn man in einem Club seine hübsche Freundin auch nur eine Sekunde allein lässt, ist sie Freiwild. Da komm ich vom Klo wieder, und sie wird gerade angetanzt von so ´nem Vollspacko mit Migrationshinter- und Vordergrund. Goldkettchen und Gel im Haar. So ein Typ, wo man denkt, der ist der Grund, weshalb ich einen Mittelfinger hab.

Ich: »Sorry, ich bin mit der Dame hier, würdest du sie bitte in Ruhe lassen.«

Er: »Mach mich an, dann mach ich dich aus.«

Und dann hab ich dem Achmed dermaßen … in die Faust geguckt … Was ich kapiert hab: Schlag dich nie mit einer hässlichen Person. Sie wird dich immer besiegen, denn sie hat nix zu verlieren.

Und ich dachte noch, sie tröstet mich, weil ich mich für sie geschlagen hab. Und was sagt sie? »Zieh dir morgen dein blaues Hemd an, das passt besser zu deinem Gesicht!« Vor zwei Wochen war dann Gerichtsverhandlung wegen Körperverletzung. Das war so deprimierend. Der Richter fragt den Achmed: »Und warum haben Sie dem alten Mann drei Zähne ausgeschlagen?« Und er antwortete: »Er hatte nicht mehr.«

Arme Männer

Ich komme gerade aus'm Sommerurlaub. War eigentlich nicht schlecht, weil ich seit ewiger Zeit mit einer Frau mal wieder Körperkontakt hatte. Nach bald zehn Jahren ... Aber ich war echt entsetzt, was sich bei Frauen im Vergleich zum letzten Jahrhundert alles verändert hat. Wie aktiv die sind ... Die hat mich ans Bett gefesselt und ging danach drei Wochen in Urlaub. Gut, ich war froh, zuvor hat die die schlimmsten Sachen mit mir angestellt: Latex-Orgien, Fesselspiele, dann sollte ich Sex-Spielzeug besorgen ... Ich ... Ich weiß nicht mal, wo ich ein paar genoppte Kondome herkrieg. Wenn das jemals verlangt würde, nehm ich halt ein normales Kondom und tu ein paar gefrorene Erbsen rein.

Für mich ist diese Sex-Gier echt ein Problem. Ich komm ja jetzt auch langsam in das Alter, wo ich mich mit dem Thema Impotenz beschäftigen muss. Gut, da sieht´s durch Viagra nicht mehr ganz so finster aus wie früher. Gott sei Dank, weil diese ganzen asiatischen Heilmittel wie Ginsengwurzeln oder Tigerkrallen, das bringt ja alles nix. Nashornpulver hab ich mal probiert. Ich hab da überhaupt nix gemerkt, außer dass ich im Straßenverkehr immer auf die Land Rover losgegangen bin. Okay, wobei Ginsengwurzeln sind wohl auch nicht schlecht. Ich glaub, man kann dann zwar nicht öfter, aber man erinnert sich besser dran, wie es mal war.

Aber Viagra hilft ja wohl wirklich. Ein Freund von mir hat sich die Kapseln bestellt, da war die Lebenspartnerin wohl auch immer unzufrieden. Der hat zwei Stück davon genommen, fünf Red Bull getrunken und ist dann zu ihr. Die Beerdigung war letzten Donnerstag. Die Frau war da aufgebahrt, und so zufrieden hab die noch nie gesehen.

Ich find es schlimm, dass wir zu solchen Hilfsmitteln greifen müssen, aber anders können wir uns der immensen Anforderungen nicht mehr erwehren. Und das Schlimme ist, dass sich die Anforderungen von Seiten der Frauen auch dauernd ändern. Jetzt stand neulich in der Brigitte, dass neunzig Prozent der Frauen beim Mann auf Intimrasur stehen. Da hab ich ganz schön gestutzt. Wer soll das denn noch verstehen? Jahrzehntelang war ein behaarter Männerkörper in, jetzt soll ich auf einmal aussehen wie ein Marzipanschwein.

Und bei mir geht das ganz tief in die Psyche. Denn ich kam total spät in die Pubertät, so kurz vorm Abitur. Das war schlimm, weil die Jungs nach dem Sportunterricht beim Duschen immer gesungen haben: »Siebzehn Jahr, noch kein Haar.« Verstehen Sie, ich hab jahrelang drum gekämpft, Schamhaare zu haben, und jetzt hab ich endlich welche, und jetzt bleiben sie auch dran!

Oder Tattoos. Das mach ich auch nicht mit. Inzwischen hat jeder Trottel ein Tattoo. Manche auf dem ganzen Körper, da ist dann gar kein Platz mehr, die lassen sich dann den Dickdarm tätowieren. Gut, da freuen sich dann natürlich die Internisten, da ist jede Darmspiegelung wie Kino! Da gibt's die verrücktesten Sachen. Ich hab einen in der Sauna gesehen, bei dem stand auf dem Geschlechtsteil »OMA NEINKE«. Hab ich ihn gefragt, he? Hat er gesagt, so bringt das natürlich noch nichts, aber wenn er 'ne Erektion hat, steht da »Atomkraft – nein danke«.

Gut, vielleicht bin ich dazu auch einfach zu konservativ erzogen. Ich hab's generell nicht so mit Körperschmuck. Ich hatte mal vor vielen Jahren mit einer Frau eine Art One-Night-Stand, die hab ich ausgezogen, die hatte einen Ring in der Brustwarze, und ich: »Mensch, das erinnert mich daran, dass ich die Wäsche noch aufhängen muss.«

Piercing ist ja eigentlich – ich weiß nicht, ob Sie schon mal drüber nachgedacht haben – eine Form der Körperverstümmelung: Ich finde, das passt gar nicht mehr so in unsere Zeit, ursprünglich kommt das ja von den Naturvölkern. Aber da hat das noch Sinn. Der Buschmann in Afrika sagt sich: Wenn ich einen Gardinenring in der Eichel hab und mein Kumpel nicht, fressen die Löwen den Kumpel, denn Gardinenringe sind schwer verdaulich. Aber in Europa im 21. Jahrhundert kann das zu schlimmen Verwechslungen führen. In Berlin hab ich mal im Sommer jemand auf der Straße gesehen, der hatte das volle Programm: Cutting, Branding und auf dem Rücken noch ein riesiges Tattoo, das sah aus wie ein Reifenabdruck vom Lkw. Alle schon: »Wow, das ist total cool.« Dann stellte sich raus, es war ein Verkehrsunfall. Aber das gibt es sicher auch bald als Trend, nennt sich dann Platt-Walzing.

Ein letzter Appell

Mir wird oft vorgeworfen, ich sei ein Macho. Das stimmt nicht. Ich finde, Frauen können vieles besser als Männer. Im Freibad zum Beispiel. Frauen können ohne Handtuch einen nassen Bikini gegen einen trockenen austauschen, ohne dass man was sieht. Ich geh dann auch oft hin und spreche das offen an. »Guten Tag, ich bin Stephan Bauer, ich habe Sie jetzt ein ganze Weile beobachtet, haben Sie echt super gemacht, ich hab nix gesehen.«

Ich mache bei Frauen auch oft Zettel an die Windschutzscheibe: »Gut eingeparkt!« plus meine Telefonnummer. Denn ich finde ,dieser Geschlechterkampf' mit den Stereotypen, das ist doch nicht mehr zeitgemäß. Die alte Debatte beim Pinkeln: stehen oder sitzen. Ich kann das nicht mehr hören. Ich sage dazu nur: Es gibt eine Affenart in Malaysia, da pinkelt das Männchen weder im Stehen noch im Sitzen, sondern im Handstand, um auf die Frau Eindruck zu machen. Ich finde das nicht toll, aber will damit nur sagen, meine Damen, es geht auch noch schlimmer.

Ich will jetzt also gegen Ende des Buches mein Angebot an Sie noch mal aufgreifen. Also, wenn Sie ein Auge auf mich geworfen haben, Sie können jederzeit Ihre Bewerbungsunterlagen einreichen. Das gilt übrigens für alle. Ich habe nämlich auch eine Schwäche für ältere Frauen. Die haben einfach nicht mehr diese Flausen im Kopf wie diese vierzigjährigen Hüpfer. Schauen Sie, für eine ältere Frau ist völlig klar: So ein bisschen Haushalt führen, das gehört zum Leben.

Das wird ja von den Jüngeren heute immer so schlecht gemacht. Da heißt es, Hausfrauen seien nicht sexy. Ich will Ihnen mal was sagen: Wenn eine Hausfrau keinen Stringtanga trägt, dann liegt das nicht daran, dass sie keinen Sinn für Erotik hätte, sondern daran, dass man den danach nicht zum Putzen benutzen kann.

Ich suche auch nicht irgendeine Frau. Ich suche schon was Solides. Eine moderne Frau, undogmatisch, liberal und nicht so stark geschminkt, da sind wir beim nächsten Punkt: Das kann ich nämlich auch nicht haben. Ich habe eine Bekannte, die hat sich jahrelang unter die Sonnenbank gelegt, die Haut ist mittlerweile total welk und ledrig. Zur Gesichtspflege nimmt die jetzt auch nicht mehr Nivea, sondern Erdal. Da glauben die Frauen immer, was sie den Männern damit für einen Gefallen tun. Überhaupt keinen.

Brustvergrößerung – auch so ein Thema. Wegen mir müssen Sie das nicht machen … Ich find das nicht schön. Ich habe mir neulich an der Tankstelle mal so ein aktuelles Sexheft angeschaut, das war ja nicht mal mehr Silikon, das war Helium. Die Brüste waren so prall, ich kriegte das Heft gar nicht mehr zu.

Und deshalb setze ich bei einer Frau auf innere Werte. Wenn ich das ganze Buch jetzt noch mal zusammenfasse: Ich suche eine liebe, nette, kluge Frau, gebildet mit akzeptablen Grundkenntnissen in Rationalismus, Dekonstruktivismus, ontologischer Differenz und Staubwischen. Und so jemanden finde ich halt nicht.

Und unter Ihnen, liebe Leserinnen, ist wahrscheinlich auch wieder keine dabei. Mich macht das schon traurig, ich frage mich da oft nach dem Sinn des Lebens.

Wissen Sie, das Leben, das könnte so schön sein, wenn es rückwärts ablaufen würde: Man steigt aus der Erde, käme erst mal ins Altersheim, wird gepflegt und verwöhnt. Nach ein paar Jahren fliegt man raus und macht Busausflüge. Dann fängt man gaaaaanz langsam an zu arbeiten, geht zur Schule, wo man jedes Jahr immer dümmer wird, bis man als Analphabet rausfliegt. Zur Belohnung darf man aber zwei Jahre im Sandkasten spielen, geht zum Schluss in Mamis Bauch und beendet sein Leben als Orgasmus.

Achtung! Dieses Buch ist ab 25!

Es braucht Abstand. Man muss die Pubertät definitiv hinter sich haben, um über sie lachen zu können. Die Pubertät ist ein Glatteis, auf dem sich Leib und Seele ein blaues Auge nach dem anderen holen – schließlich macht man, egal was, in dieser Zeit zum ersten Mal.

All die zwischen 12 und 18 erlebten Schmähungen und Peinlichkeiten, Selbstüberschätzungen, Wunden und Erfahrungen vergisst man nie. Leider. Oder zum Glück. Denn auch die Autoren dieses Bandes haben nichts vergessen.

Mit Beiträgen von Frank Goosen, Martina Brandl, Jakob Hein, Katinka Buddenkotte, Jess Jochimsen, Gerlis Zillgens, Ahne, Bodo Wartke, Dagmar Schönleber, Heiko Werning u.v.a.m.

Volker Surmann (Hrsg.)
2010, 224 S., 12,90 EUR
ISBN 978-3-938625-94-1